為什麼父母的愛令人痛苦

完美的親子關係只是幻想

夫婦の関係を見て子は育つ
親として、これだけは知っておきたいこと

日本心理學家
信田小夜子——著　邱顯惠——譯

序章 父母的單向「贈與」令孩子痛苦

第1章 以愛為名的支配最恐怖

第2章 成年兒童的希望

第3章 依存症的丈夫和共依存的妻子，以及他們的孩子

第4章

擺脫「好爸爸、好媽媽、好孩子」的束縛

第5章 強化夫妻連繫，減弱親子連繫

第6章 擺脫「常識怪物」！

序章

父母的單向「贈與」令孩子痛苦

在家裡沒有容身之處的孩子、繭居在家的孩子

我在報紙的報導中看到這樣一個社會案件：

「國中二年級的女生推落五歲男孩。」

兩人是在電動遊樂場認識，據說雙方有金錢借貸關係。少女不適應校園生活，她的母親是馬來西亞人，男孩則是一名中國人。少女因為有點抗拒上學，被視為出現問題行為，據說定期前往兒童諮詢所*。而男孩則在母親玩柏青哥時，在電動遊樂場裡拿為數不多的零用錢來打發時間。從這個社會案件可以看見，所謂「日本的國際化」，並非單指許多人從日本成田國際機場飛到歐洲旅遊，我不禁想著，類似事件，此後可能會層出不窮。

雖然不清楚詳細情況，但我試著想像事件發生背景。少女被母親帶來日本，連一句日文都不懂，在學校或許還受到霸凌。如果居住在狹小的公寓，就算不想上學，也沒有自己的房間能窩。如果不去上學，就會遭受母親的拳打腳踢，這情況很容易想像得到。如果學校和家裡都沒有容身之處，就只能在街上流浪。

發生案件的東京都新宿區，以大久保為代表，在那一區居住有很多不同國家的人，自然交錯著許多異國語言。少女漫無目的、閒晃度日，她在那區域一角的電玩中心或便利商店，結識了散發同樣氣息的五歲男孩。兩人或許是透過不完整的日語交談。

少女和男孩連一個能令人安心生活的家庭都沒有，卻又無法離開父母生活，他們或許就是在這充斥著電子音的吵雜聲中，默默構築起兩人間的關係。一想到在這不分國界、下流雜亂且毫無秩序的新宿區一角，兩人一同歡樂的景象，我就覺得有點難過。對這兩人而言，所謂的「家人」「父母」，到底是什麼？

另一方面，也有一些孩子（大多是男孩）會占據家中一個狹窄的房間，好幾年不出門。雖說是孩子，但他們的年紀多落在二十幾歲到三十幾歲之間，其中還有人已超過四十歲。已經六十幾歲的父母，為了繭居在家的孩子著想，拿出自己一部分的老人年金，替孩子做飯、洗衣服，繼續養育子女。有時還要默默忍受已經是大叔的孩子咒罵自己，持續「承受」這些事。

為了支付年邁父母死亡後的遺產稅，一位六十二歲的母親被迫搬到狹小的公寓生活。她為了和兒子分居的問題前來進行心理輔導。據說年近四十的兒子已經在家繭居超

＊註：兒童諮詢所，根據日本《兒童福祉法》規定，設立於日本各縣市的兒童福利機構。

過十五年。而孩子的父親，也就是這位女士的丈夫認為，「就算對兒子說教他也聽不進去，只能放著不管」，所以對孩子的行為視而不見。因為這種原因前來諮詢的人，其實並不少見。

上述這兩種情形看起來好像是完全兩種不同的情況，但我總覺得它們在本質上有所關聯。

虐待和繭居的共通點

經濟不景氣正持續擴大中。對於幾乎無法指望正式雇用、收入不穩定的年輕男女來說，只要一起同居，就可以分攤房租。尤其當自己的家庭是充滿虐待或暴力的惡劣環境，會更想要盡快離開那個地方，組織一個「跟父母不一樣的」的幸福家庭，這樣的心願應該會比一般人強一倍。

即使是自由打工族，兩個人的收入加起來，也可以勉強生活下去。然而，如果女性不小心懷孕又沒錢墮胎，兩個人就只能登記結婚。於是社會上就會出現二十歲左右的父親和十幾歲的母親。每天占據報紙版面的虐童致死案件，大多發生在這種父母身上。

這些人在二十歲左右成為父母，無法指望得到自己父母的援助，過著不寬裕的生活。而另一種人則是已經超過三十歲，卻還接受父母的援助，既沒有工作也不跟異性交往，繭居在家。從前者的角度來看，可能會覺得後者「還真是長不大的孩子啊！」以後者的角度來看，則會覺得「為什麼自己會被束縛住？為什麼會變成這樣？」處於不知道該如何是好的狀態。

「虐待」和「繭居」是經常可見的現代話題，而這兩個話題主角的年齡差距，其實並不大。

那麼，這兩者之間的關聯在哪裡？

其關聯在於從父母那裡得到什麼？沒有得到什麼？這樣說或許讓人有點摸不著頭緒，姑且就稱之為是「贈與」吧。前者或許因為父母的經濟狀態，沒有得到那麼多的教育投資，也未必能擁有自己的房間，可能還必須儘快離開原生家庭，甚至還有人必須以微薄的工資扶養父母。他們所接受的，是父母的「負向贈與」。

後者則是接受了一定程度的教育投資。這意味著他們要達成社會期待，有時還被迫要接受念書考上大學、進入普通公司上班這種未來規劃。而且連「去尋找想做的事情」這種自我實現也備受期待。擁有自己的房間、房間裡有冷氣、父母花錢讓自己去上補習班、有零用錢拿、家裡備好三餐，總之只要努力達成父母的龐大期待就好。這種情況可稱為「正向贈與」。

正和負，大致上就是完全相反的贈與，其共通點在於，不論孩子期望與否，這些都是父母單方面的贈與。

父母和孩子都受限於「親子幻想」

或許有人會說這種事不是現在才開始的。確實如此，因為我們是被父母生下來的。不論是性別、長相還是身高，這些我們幾乎都無法選擇，只能接受這就是自己，慢慢接受自己無法變成其他狀態，話雖如此，為什麼身為子女會這麼辛苦？

我在一場對談（兩位男性的對談）中，反覆讀到「必須原諒父母，沒錯！只能原諒父母。」這句話。我心裡疑惑「是不是寫錯了？」而重讀了好幾次，但確實這樣寫著。子女毫無選擇地被生下來，接受單方面的贈與，而且還是自己根本不期待的贈與，對於這種父母，應該就只能「原諒」吧。

身為一名心理諮商師，經常有人這樣問我：「雖然我受到這種虐待，但我應該原諒父母嗎？」我的答案很簡單，那就是「不必」。

假設我說出：「你必須原諒父母。」這個人最後真的能原諒父母嗎？其實對方已經把「可以不用原諒吧」這個訊息放進問題裡了。如果能夠原諒父母，應該就不會來尋求心理輔導。

把我們生到這個世界上的，確實是我們的父母。在世界上，滿是「只因為這一點就應該感謝父母」的說法。我曾在電視上看過一檔年輕人的訪談節目，節目中不斷出現「想要拋棄父母」「無法原諒父母」這種發言時，參加節目的中年男性藝人就流下眼淚。那並不是同情發言的年輕人，而是覺得「無法原諒父母太無情了！」「是父母把你們生下來的吧！」的眼淚。這個藝人的招牌賣點是透過辛辣發言，不厭其煩地挑戰常識，但竟然連他都說出了這種話。

這種透過血脈連繫的親子幻想，將被生下來的孩子，以及生下他們的父母綁在一起，使他們都動彈不得。

許多人在令人無法想像的殘酷父母身邊長大，我因為心理輔導的工作而和這些人碰過面。對我而言，能遇見這些個案是十分珍貴、美好的經驗。這些人被喚醒記憶後說出了父母如何將子女視為個人私有物，做了哪些為所欲為的事情，說了哪些肆無忌憚的話。他們真實地傳達出這些情況，更甚於那些雄辯之詞。比起讀了上百本書，反而是這些人大大改變了我的世界。

那麼，身為父母應該怎麼做才好？孩子又期待哪一種父母？

這些問題的答案，也全在這些人所說的話裡。也就是說，因為知道了無數殘酷父母的實際案例，我們才能發現這些「不該做的事」。就好像黑暗中的光芒特別明亮一樣，知道有這種殘酷父母存在，才能浮現出好父母的形象，因為這種珍貴安排讓我們注意到這些事。

「富有的父母」必須做的事

回到贈與的話題。單方面的贈與（姑且不論正或負）會令孩子痛苦，大家應該理解這種贈與的荒謬程度吧。那麼，我們可以從這裡推論出什麼？

暫且不提負向贈與，許多父母不認為自己所給的正向贈與是單方面的。相反的，他們認為這是唯一的愛，甚至認為不可能還有其他形式的愛。父母的想法必須先從這點開始轉變。雖然父母覺得這種想法毫無疑義，但以孩子的角度來說，這些贈與就是一種單方面的贈與。

如果比較正和負，在負向贈與這方面，我們就能確實看清這到底是不是單方面的贈與。毆打、踢人、不出學費等虐待就是最好的例子。如果能確實分辨出這些情況，應該就能拒絕。而且也能讓第三者知道這是一種負向贈與，以得到別人的幫助，拒絕、逃離這種情況。

但是，在正向贈與的部分，只有身為接受者的孩子知道這是單方面的贈與。不，就連孩子自己也無法察覺，因為世人認為他們就是「富有的孩子」，所以無人會關切接受單方面贈與並為此痛苦的孩子。社會上的人們，只會把他們視為不知父母恩情的任性孩子、被寵壞的孩子。

為了讓各位讀者遠離這種在社會上占絕大多數的想法，我希望大家務必閱讀本書的內容。希望大家能想像、瞭解一下正向贈與是多麼痛苦的一件事。

那麼，孩子為何無法拒絕？因為孩子不想傷害給出贈與的父母。不幸的母親跟自己說：「這是為了你著想」時，面對她的贈與，孩子能拒絕並說出「我不要」嗎？當中還有一些父母毫不質疑這樣的想法是否有誤，認為「這就是父母的愛！」而持續給予。

來看以下的例子吧。

一位六十幾歲的母親收到年過三十、住在國外的兒子的來信，信裡寫道：「我終於交到女朋友了。」據說這位母親在回信中寫著：「交到女朋友真是太好了！但是若讓對方懷孕了會很麻煩，所以你要小心一點喔！」還用航空郵件寄了避孕用品過去。

如果再加上經濟因素，應該就能更加瞭解這種結構吧。以父母的立場來看，他們認為孩子追上自己的經濟水準是很正常的，如果孩子追趕不上，那就繼續提供援助，這就是父母的義務和愛。

對於繭居在家的孩子，一直以自己的年金進行援助的父母，全都抱持著「我一定不能讓孩子走投無路，這就是父母的義務」的想法。但是這樣做，真的能製造出讓孩子脫離繭居的契機嗎？情況大多是相反的。因為只不過是和昨天一樣，持續保障孩子明天的生活而已。

「富有的父母不要援助貧窮的子女」——這就是超越正向贈與和負向贈與的分類，一種全新的行為基準。如果父母自己住在大房子，孩子卻在狹小公寓生活，父母應該會覺得很內疚吧。即使如此，還是要避免援助孩子。也就是說，即使能做到正向贈與，也未必要去執行。過去，我們一直認為這是沒有付出父母之愛的無情父母，但如果對孩子而言，正向贈與也是單方面的贈與，那麼這或許是一種非常理想的態度。

而負向贈與是，只要父母有所自覺，多數都能解決。因為只要意識到這是虐待、在經濟上過度依賴孩子、是榨取，就可以解決。或者像多數子女所做的那樣，「離開過分的父母」就能讓自己活得更輕鬆。隔離、保護受虐的孩子，就是守護這些接受負向贈與的孩子。

在親子關係中帶入「贈與」這個名詞，便能逐漸理解正向贈與和負向贈與。現在手上拿著本書的讀者，也許很多人都把正向贈與視為一種「愛」的表現吧。因為我們就是在這種常識中慢慢長大成人，覺得「給予」是一件好事。

在此，我要再提出一個觀點，那就是「贈與會產生債權」。如果知道經濟學的基本概念，應該就能瞭解。被贈與者會覺得「欠人恩情」，贈與者則會因為這個行為處於優勢地位。如果用難一點的說法，那就是獲得權力。進行正向贈與時，贈與者和接受者之間會產生這種權力關係。

當父母替無法工作、也無法離開家的三十幾歲兒子出生活費，不斷對孩子說「找出想做的事情」「好好思考你真正想做的事情是什麼？」這些話，父母就會成為債權者，在無意中灌輸孩子成為債務者。當父母表示「這是為了孩子著想」，同時也處於絕對優勢的地位，而大部分的父母都沒有察覺到這點。

這種來自父母的贈與，不論是正或負，都會給孩子帶來無法逃離的權力關係。因為父母和社會都深信正向贈與是愛的表現，所以難以分辨這種情況，與負向贈與相較，或許更難處理。

關於虐童致死和繭居這兩個現象，如果從父母贈與的觀點來看，大家應該就能瞭解這兩者在本質上的相關處。

孩子正在看的「夫妻連續劇」

一直以來，我們都把父親和母親概括為「父母」。然而，在現實生活中，卻很少這樣看待父母關係。雖然在婚喪喜慶中，父母兩人會成雙成對行動，但是多數父母之間卻充滿著糾葛、爭論和緊張。

所謂的「關係」，是指肉眼看不見、非常模糊的事物。但如果試著想像父親和母親以及孩子之間的相處，這種關係就會如實浮現出來。孩子處於雙親（父親和母親）之間，看著父親和母親的一舉一動。然後聚焦在父母之間的對話、氣氛和動靜。即便父親溫柔的眼神和母親的笑容是對著自己，父母之間還是充滿緊張感。一旦父親大聲斥責母親，孩子肯定會嚇到全身僵硬。父親注視自己的溫柔眼神，和父親對待母親態度之間的落差，會令孩子覺得混亂，感到被撕裂。

父母有發現這種情形嗎？父母聽到這個問題時，往往會理所當然地點頭，然而，在現實家庭中，多數的父母（父親和母親雙方）都沒有注意到這種情況。沒有察覺孩子將目光投注在夫妻關係上。父母必須捨棄「反正子女還小，什麼都不知道」的成見。即使是零歲嬰兒，也會因為父親對母親施暴而害怕不已。有些孩子覺得自己一哭泣，母親就會挨揍，所以會出現出生六個月也不太哭泣的情形。

被概括為「雙親」的一對男女，若要追根究柢，其實是在不同環境成長、毫無關係的陌生人。所以他們之間當然會發生齟齬、爭論或憎恨。而這樣的兩個人所演出的連續劇，離舞台最近也最熱情觀看的觀眾就是他們的孩子。因為夫妻所上演的連續劇正是孩子生活的地方。

目前我們正在研究目睹家庭暴力（Domestic Violence, DV），會對孩子造成什麼影響。即使沒有直接遭受暴力行為，如同前面提過的，只要父親對母親施暴時，孩子也在現場，孩子就會感受到巨大的衝擊、無力感和恐懼感，這些情況都已經過證實。不只是身體暴力，語言暴力也是一樣。我從那些經常來進行心理輔導的個案口中聽到的，都是目睹父親強迫母親性交的經驗。

以母親的角度來看，光是和丈夫的關係就很難處理了，老實說或許沒有餘裕再去思考孩子的事。而且父親會以自己雖然有毆打妻子，卻沒有毆打孩子這點，將自己的行為正當化。

然而，在家庭裡上演的夫妻連續劇，不論內容是好是壞，孩子都會一直看到最後。孩子對於和異性之間的相處關係，大多也是從父母之間的關係學來的。如果父親壓住母親的場面很稀鬆平常，孩子就會把這種情況視為正常的男女關係。丈夫用命令語氣和妻子說話，卻對孩子說出「必須守護人權」等說教言論，其實是經常可見的矛盾行為。

不論講出多少洋洋灑灑的好聽話，和配偶之間呈現何種關係，孩子都一一看在眼裡。不管如何告誡孩子「要相信父母說的話」，孩子也早就看穿那是謊話。有時孩子會想要相信父母的言行，但最後內心卻被撕成兩半。

而且如果被迫觀看充滿粗暴發言和暴力行為的父母關係，又一直聽到母親說：「我是為了你才這麼努力的啊！」孩子就會很混亂，覺得自己進退兩難。

市面上有許多談論育兒或婚姻的書籍，本書也是其中一本。本書的特徵是以孩子的立場，重新審視大家口中「理所當然」「平常」的父母之愛。此外，也會以孩子的視角來觀察過往很少被視為問題的男女關係、夫妻關係，並提供解決親子關係、夫妻關係的線索。

我並不是想要修正家庭觀念。所謂的「家庭」「夫妻」「親子」，應該要讓彼此獲得應有的幸福，讓彼此能夠放心相處，才具有意義吧。我希望大家能以這種非常簡單、容易理解的基準為起點，重新審視自己的家庭。

第1章

以愛為名的支配最恐怖

愛、支配與共依存

一直以來，我們都對「愛可以拯救一切」這句話深信不疑。每個人都十分肯定「愛」是家庭的基礎。

如果丈夫出問題，旁人會認定這是因為妻子對丈夫不溫柔；如果孩子出問題，旁人會責怪母親給的愛太少。於是女性就像「愛情銀行」般，一直被迫供應無止盡的愛。

然而近年來，在充滿愛的「普通」家庭成長的孩子，卻出現了一些問題行為，所以人們對這種無庸置疑的常識的懷疑，也慢慢浮出檯面。

我們所認為的愛到底是什麼？父母所認為的愛，對孩子而言又是什麼……我是藉由成年兒童（Adult Children，簡稱「AC」，指認為自己活得很痛苦的原因出自於父母）的心理輔導過程，找到這些問題的答案。

所謂的「愛」，必須同時存在給予和接受的雙方才能成立。接受者如果覺得痛苦和拘束，那就不是「愛」，而是「支配」。而且這種支配只會剝奪接受者的自尊心，使其陷入無法抵抗的情況。

一直以來，我們提到有關「家庭」的各種詞彙時，都會將「愛」這個字用括弧括起來，如果將「支配」一詞放在括弧裡，應該會浮現出完全不同的家庭樣貌吧。這或許就是大家一直盡量避免看到的情況。而給我們勇氣從正面看清事實的，就是「共依存」這個詞彙。

「共依存」的說法來自美國，這不是抽象的專業用語，而且在處理日本家庭的具體問題時，意外地具有實質效果。

我不是從「病理」的角度來使用這個詞彙，而是用來指涉解讀家庭關係、提示方向性。而且我也將「共依存」視為中年女性找回「自我」的關鍵字。「共依存」這個詞彙的魅力，就在於它所觸及的範圍很廣泛，而且隱藏了切割關係的尖銳性。

「放手」的重要

所謂的「共依存」，是指藉由照顧讓人煩惱、需要為其擔心的人來支配對方。以日本的常識來看，這並不是那麼荒謬的情況，倒不如說我們還經常將這種情況稱為「愛」。

然而，酒精成癮症患者的妻子照顧喝酒的丈夫時，丈夫會變成怎樣？丈夫會因此戒酒或減少喝酒嗎？不如說情況反而會越來越嚴重。

在美國長年從事酒精成癮症治療的專家和輔助醫護人員（醫生以外的醫療從業者），在提供治療的過程中發現了這個情況。也就是說，酒精成癮症患者會因為妻子對其採取監視、藏起酒瓶、說教等方式，出現越喝越多，或是躲起來喝酒的情況。即便妻子為了飲酒過度造成肝功能障礙的丈夫費心斟酌三餐、收拾嘔吐物，但丈夫只要身體一恢復健康，又會像以前一樣開始喝酒。

妻子「為了丈夫著想」而照顧他，卻讓丈夫的酒精成癮症更加嚴重，這種情形就稱為「使能夠（enabling）」。專家發現打算讓對方戒酒，反而會使對方更能夠（enable）喝酒。我們將待在酒精成癮症患者身旁，促成他喝酒的人稱為「縱容者（enabler）」。擔任縱容者角色的，幾乎都是酒精成癮症患者的妻子。

一九七〇年代末期，「縱容者」一詞在美國酒精成癮症的一線治療現場逐漸普遍化。這些酒精成癮症患者的妻子必須做一件事，就是停止「使能夠」，也就是說，她們要停止「打算讓對方戒酒」。酒精成癮症患者喝酒時，就放著他們不管，如果他們酒後胡鬧，就趕快逃走，連喝酒後砸破盤子的碎片，都由丈夫自己去收拾，妻子什麼也不要做……這看起來好像是違反常識的處理，但是對酒精成癮症患者而言，卻是必要措施。

對酒精成癮症患者停止「使能夠」的做法，稱為「放手」。不要一直支持他們，這樣反而會讓他們越來越糟糕，而是放手讓當事人為所欲為。

這種做法乍看之下很粗暴又冷漠，所以常常有人說：「既然這樣，放棄那個人就好了啊。」但是「放手」和「放棄」是完全不同的概念，不能混為一談。

「放棄」是切斷彼此之間的愛，覺得對方怎樣都沒關係，但「放手」是帶著愛情守護對方，在一旁默默等待。

那麼任由他們為所欲為，又是怎麼一回事？

必須完全信任因酗酒問題而痛苦的人，才能做到「放手」。放手是相信這個人「擁有生存能力」。如果受人照顧，「生存能力」就會被剝奪，並逐漸變弱。

放手是讓這個人喚醒自己的生存能力。但同時，我們必須知道自己的極限，才能做到放手。如果想著「我必須為這個人想點辦法」「我一定要讓這個人戒酒」，就無法真正放手。

「喝酒是當事人的問題，又不是我喝酒，所以就隨他去吧」「讓他戒酒這種事我做不到啦」，當出現這種想法，就能放手。

知道自己的極限，相信酒精成癮症患者自身的力量，絕對不要放棄他們，而是懷抱著愛情，在一旁默默守護，這就是妻子必須採取的應對措施。

「這個人不能沒有我！」

除了酒精成癮症，一般也將其他依存症總稱為「成癮（addiction）」。對於老是因賭博而破產的人，或是周旋於不同女性之間的男性，我們都會使用「成癮」這個說法。

既然如此，那些待在酒精成癮症患者丈夫身邊、整天照顧丈夫不知道放手、老是愁眉苦臉的不幸妻子，難道不算是成癮嗎？

即使專家對她說：「和丈夫分開，妳會比較幸福喔！」

妻子也一定會回應道：「這個人不能沒有我！」

此外，也有妻子一度和丈夫分開，但不到一年就回到丈夫身邊，又開始為了喝酒的事情和酒鬼丈夫互相謾罵。

所以，我們把這種類型的妻子，視為對與酒精成癮症患者的關係「成癮」的人，也就是說，這種人屬於「關係成癮」。丈夫從早到晚只想著喝酒，對酒精成癮，妻子則是從早到晚只想著丈夫的事情，對酒精成癮症患者的丈夫成癮。

也就是說，不論是丈夫還是妻子，同樣都是成癮者，只是兩人成癮的對象不同。

這種「關係成癮」就稱為「共依存」。

被冠上「共依存」的名稱，對總是照顧對方、擔任治療協助者，或覺得「是他不好」，認為自己是被害者的妻子而言，是一個巨大的變化。這種變化能讓成癮症患者的妻子認知到「自己也是成癮症患者」，把焦點轉回到自己身上，面對自己的問題。

現代家庭的不幸

共依存的英文是「Co-dependency」。簡單來說，就是「借用『愛』的名義來支配對方」，可說是一種「明明不幸，卻又無法離開的關係」。若用專業一點的說法來解釋，這是存在於兩者之間的僵硬關係，也就是B讓A為自己煩惱，藉此支配A，以及A藉由擔心、照顧B來支配B。

舉例來說，有進食障礙的女兒和母親、不想上學的兒子和母親、有賭博成癮症的丈夫和妻子、有酒精成癮症的丈夫和妻子……諸如此類的情況，當發生問題者和緊黏在他身邊的人之間的關係會互相導致對方不幸，就可以稱為「共依存」。

共依存中，最嚴重的問題的就是「親子的共依存」。母親將自己的想法強加在孩子身上，依照自己的想法培育孩子。母親認為這是對孩子的愛，沒有察覺到這是一種支配。另一方面，受到支配的孩子雖然覺得痛苦、活得好累，卻又無法離開父母。在日本，有許多乖孩子都是在這種令人快要崩潰的母愛中長大。

「夫妻的共依存」則是指妻子藉由愛或照顧等美麗詞彙來支配丈夫，以及丈夫因為沉迷酒精或賭博使妻子困擾以藉此支配妻子。這樣的夫妻關係就是「夫妻的共依存」。妻子雖然很痛苦，卻無法離開丈夫，這種關係只能稱為「成癮」。共依存就是對彼此的「關係」成癮。

如果有人問我：「什麼是成癮？」我通常會回答：「沉迷」「雖然心裡明白，卻無法戒掉」。

雖然心裡明白，卻無法離開

例如，沉迷於酒精就是酒精成癮症。一開始是打算喝些威士忌以消除上班一整天的疲勞，希望隔天有精力工作。但在這個過程中，只有一兩口的威士忌漸漸變得無法滿足自己，所以就增量，最後變成為了喝酒而工作，原本的手段變成了目的。接著就不去工作，只沉浸於威士忌之中，這就是形成酒精成癮症的過程，也就是對酒精成癮。原先是為了工作而喝酒，卻變成喝太多酒導致無法工作的悲劇。

有酒精成癮症的丈夫不但不工作，還會講出莫名其妙的話讓妻子很困擾，而且總想著要喝酒，於是妻子就把對丈夫的不滿宣洩在孩子身上。而且妻子老想著丈夫是否又要喝酒？丈夫的身體狀況如何？而孩子只能全盤接受母親宣洩對父親的不滿，總想著自己是否有滿足母親的期待？母親是高興還是生氣？沉迷於酒精的父親、沉溺於夫妻關係的母親，以及陷溺於親子關係的孩子，在酒精成癮症患者的家庭裡，滿是「成癮」。

有的妻子打算和不斷借錢的丈夫分手而離家出走，但又馬上回到丈夫身邊，這也是屬於「沉迷」的共依存關係。

孩子打算擺脫與母親的共依存關係而結婚，卻又因為某種原因和母親同住，持續接受母親支配，過著痛苦生活，這也是「沉迷」的一種。

霸凌也是同樣的情況。雖然旁人認為受霸凌的小孩只要離開霸凌者就好，但受霸凌者卻無法離開，而霸凌別人的孩子也無法離開自己霸凌的對象，這些情況都是「沉迷」於與彼此間的關係中。

在我們周遭有許多這種「雖然心裡明白，卻無法離開的關係」。既然都要黏在一起，就應該讓彼此幸福，但還是有人老是抱怨、發牢騷，卻又無法離開對方。這種奇妙的想法實在很像謎團。然而，如果能夠理解這就是「成癮」，就能慢慢看清楚這個謎團的輪廓。所以今後，解讀人際關係的關鍵字將會是「成癮」一詞。

聲稱「為了孩子著想」，寄生在孩子身上的依附怪物

養育子女時，「教養」是不可或缺的。打招呼時所說的「早安」「您好」「晚安」「我要開動了」，以及從外面回家後要洗手、脫掉的衣服要摺好等等，父母在日常生活中確實指導孩子的這些事情就是「教養」。教養是養成基本習慣不可或缺的，和共依存完全不同。

親子的共依存是打著「我是為你著想」「因為我擔心你」這種愛的名義來支配孩子。在日本，常見的例子是，母親雖不會施暴或虐待，卻會一味地使用愛和正確理論，默默地支配孩子。

這種母親也有各種不同的類型，但大多是先幫孩子的房間安裝冷暖氣、每個月替孩子繳交高額的補習費用、雇用家庭教師提升孩子的學習成績，讓孩子照著母親所描繪的理想道路，走向高學歷、高收入的人生；以及忍受父親施暴的軟弱母親總是溫柔地對孩

子說：「我只能依靠你。」讓孩子認為「我必須支持母親」。這兩種類型的母親雖然外表看來不同，但兩者都是扎扎實實支配孩子的共依存。她們的共通點就是沒有活出自己的人生，並將自己的不幸強加在孩子身上，想要藉此挽回自己的人生。

而共依存的父母更令人感到困擾的問題，就是和孩子緊黏在一起，過度照顧孩子，即使按照自己的理想養大孩子，也不打算捨棄支配者的位置，不論孩子幾歲，依舊表示「我是為了孩子著想」，不想和孩子分開。

孩子若被共依存的母親緊黏不放，會覺得這樣的母親是「依附怪物」。因為母親帶著無法活出自我的人生，長驅直入地介入他人的人生。一旦發現令自己擔心的種子，就認為孩子「不能沒有我」，然後寄生在孩子身上。

存在於孩子問題行為背後的共依存母親

一位女高中生為了逃離母親讓她喘不過氣的支配行為，獲得自由，就開始和吸食油漆稀釋劑的朋友玩在一起。青春期孩子出現不想上學、暴力舉動，或有進食障礙等問題行為的背後，是否都有一個共依存的母親？

只要孩子一發生問題，這類母親就覺得「我必須為孩子做點什麼」，接著就會發揮共依存力量，二十四小時監控孩子，導致情況變得越來越嚴重。

一位女性有進食障礙，她獨自前來進行心理輔導時如此說道：「我想改掉吃太多的情況……」我問她：「您母親有說什麼嗎？」她回答：「什麼都沒有說。」於是我便回應她：「這樣啊，那太好了！」

這種情況看起來好像很反常，從一般常識來看，應該會覺得母親很冷淡吧。

「如果母親覺得『一定要為妳想點辦法』，妳一定不會來進行心理輔導吧。所以母親放著不管是非常好的做法。」我鼓勵她並繼續說道：「妳自願來進行心理輔導，真的是一件好事。」一開始就要給予讚美，這一點很重要。

孩子有進食障礙時，如果父母越慌張，認為「我必須想點辦法」，會讓問題越嚴重。而且當父母一慌張，女兒就不會來進行心理輔導。因為來進行心理輔導，就等於順從父母的意思，遭受父母支配的關係會更加惡化。然而，如果女兒沒有來進行心理輔導，父母為了想辦法讓女兒過來，就會順從女兒的意思。如此一來，女兒就能反過來支配父母。到底該怎麼做才能擺脫這種支配・被支配的關係呢？

這個問題的答案就是，母親不要對女兒說的每一句話都給出模範解答，要告訴女兒：「我沒辦法治療妳！妳去找專家看看吧！我要做讓自己開心的事情。」這就是母親宣告「放手」。很奇妙的是，孩子為了解決自己的問題，就會主動前來進行心理輔導。

父母離開孩子是唯一的解決方法

共依存就是「活在別人的人生中」，所以只要對方不在，就會覺得很困擾。於是父母會盡量跟孩子待在一起，但父母嘴上卻會說：「這個孩子就是不肯離開父母身邊」。

例如，母親和女兒一起生活時，雖然母親跟女兒說：「妳去結婚吧！」有些女兒卻覺得「我無法拋下媽媽去結婚」而陪在母親身邊，最後自己也慢慢老去。所以，為了孩子的幸福著想，父母要主動離開孩子。

一位母親因三十八歲的單身兒子老是賭博借錢而前來進行心理輔導。據說兒子在半年前辭掉工作，一直泡在柏青哥店。母親哭著說道：「兒子無法結婚很可憐，所以我一直照顧他的生活起居。」

當時我們建議這位母親：「如果您放手，您的兒子或許可以獨立前行，還能戒掉賭博喔。」

共依存的母親覺得自己是為兒子奉獻一切，壓根不覺得自己有任何不對，所以她聽到「要對兒子放手」時，瞬間愣住不知所措。這位母親會來我的診所接受心理輔導，其實也是因為想要學習支配兒子的方法。

母親希望我告訴她：「您要跟他這樣說，這樣一來您的兒子就會戒掉賭博的習慣喔！」才來進行心理輔導。期待我提出「要對兒子付出更多的愛，也就是說，只要強化共依存的關係，情況就會改善」這種建議。

然而，我卻回答她：「目前為止您所做的一切，都是在束縛您的兒子，剝奪兒子獨立的機會。」

雖然母親一邊回答：「或許是這樣吧……」但其實完全不瞭解我的意思。

於是她又接著詢問：「那麼，我要如何說服兒子，才能讓他戒掉賭博？」

類似對話經常出現在我們心理輔導的過程中。

「父母離開孩子，是讓孩子重新站起來的唯一方法」，也就是說，把兒子的人生還給兒子，是解決問題的第一步，但母親很難理解這種情況，對於這樣的「母愛」帶有強烈成見。人們認為「母愛」才能讓孩子重新站起來的信仰是很難崩解的。

不過，這位母親花了半年的時間，察覺自己的共依存後，毅然決然離開家裡，自己租了公寓和兒子分開住。兒子開始獨居生活，母親也一直隱瞞自己的住處，兩個月後，兒子開始去打工。三年後的今天，兒子和同居對象一起過著兩人生活，母親則利用退休金悠閒度日。

因此，當兒子為了逃離母親的共依存支配，就只能一反過往好兒子的模式，也就是當個壞兒子。只要維持好兒子模式，就無法離開母親。而母親藉由心理輔導得知了「共依存」，雖然過程很緩慢，但還是離開了兒子。當她能夠認知到「兒子是兒子，我是我」，就能解決問題。瞭解「共依存」，能使母親和兒子分開，各自過著幸福人生。

共依存的種子源自於成長過程

有一次，我受邀出席酒精成癮症的演講會，在休息室和一群女性聊天，她們的丈夫都是酒精成癮症患者。

大家開心歡迎我：「老師，您請。」一邊遞上熱毛巾、熱茶……盛情招待。

接著有人開口：「哎呀，老師您的釦子……」甚至還熱心地幫我縫好脫落的釦子。受到這種無微不至的溫柔對待，我甚至覺得喪失了「自己必須做點什麼」的想法，好像就要被「會有人幫我」的快感淹沒。但是我察覺到這種愉悅的心情，就跟慢慢剝奪自己獨立能力的情況一樣。有時這種受人照顧的魔力也是一種危險。

共依存的人，經常覺得與自己的事情相比，更應該去照顧別人，所以任何事情都會幫別人做得好好的。這種共依存是源自何處？是天生的性格嗎？其實我們不會使用「天生」這個字眼，也幾乎不會使用「性格」這個說法。

這種關係是逐漸建構出來的。因為是建構出來的，所以可以改變，可以不必太堅持固有的想法。那麼，讓我們來思考一下，這種關係到底是如何建構出來的？

我們在成長過程中，為了在與父母之間的關係中生存，會形塑出自我的樣子，這就是「我只能這樣做」。不論成人之後變成多麼令人討厭的性格，都會以這種模式生存、適應。

所以，共依存的人在成長過程中，會認為自己「要以他人為主」，藉此適應自己的家庭存活下去。他們的家庭很可能很不幸，而且還會讓孩子覺得沒有容身之處。

舉例來說，若家庭中的父親有酒精成癮症等情況，導致夫妻不停吵架，一旦父親施暴，孩子就會覺得「因為我是壞孩子」「我無法搭救母親，是個不乖的孩子」而自責不已。

孩子從小就有「我是壞孩子，我是不是不應該待在這個家？」的想法，一直給自己極低評價，這樣他們到底要如何在家庭中生存？於是他們只能扮演父母眼中不會找麻煩的孩子、幫得上忙的孩子，或是令父母驕傲的孩子。

現世代母親們的成長年代中，細心周到的女孩子比會念書的女孩子更受人稱讚，那些不重視自己感受、關心母親的孩子，會被視為溫柔的孩子而備受重視。如果發表自己的看法，將會被視為自大的「壞孩子」。如此一來，將只會培養出能受到父母認可的技術，削減其他方面的能力而長大成人。

以「我」為中心思考，或提出以「我」為中心的主張時，對這些自我評價低的孩子來說，會覺得旁人無法接受這樣的自己。尤其「女孩子」做出這種行為更是讓人無法容忍，而且日本社會中那種「因為是女人」的觀念，也會壓抑女性的自我主張。與自己的事比起來，要優先解決別人的事情，而且還要不斷忍耐，只有這樣做才能在家庭裡得到認可，這就是「生存之道」。

所以在成長過程中，總是覺得「我是壞孩子」、給自己極低評價的人，只有在為他人而活時，才能得到周遭的認可。達成「被他人需要的需要」，是滿足自我存在價值的唯一方法。更何況對女孩子來說，這種態度令社會非常滿意。

所以，我們不該認為「共依存＝不好」。有共依存這種關係的人，首先要承認這種關係是自己存活所必須的。透過此，就能夠逐漸知道「那麼，若要改變這種情況，我應該怎麼辦才好？」的答案。

共依存的種子就源自於這種成長過程中，而另一顆種子，則是出現在夫妻關係中。

隱藏在夫妻關係根基中不幸的母子關係

對於結婚，似乎有很多女性懷抱著這種憧憬——騎著白馬的王子來到自己面前，滿足自己所有需求。但是我在心理輔導過程中所感受到的，卻是現實生活中，幾乎不存在這種完美的男性。既然如此，社會上為什麼滿是這種幻想？在現實生活中，對男性而言，女性就是愛幻想的吧。

丈夫在公司工作，在經濟上支撐著家庭，但遇到危急情況時，丈夫會先保護自己。覺得很痛苦時，丈夫會跟妻子抱怨，但當妻子想跟丈夫說點什麼，丈夫就推說工作很忙、很累，連聽都不願意聽。

日本阪神大地震時報紙曾報導過，有些丈夫拋下妻兒，自己先逃走，優先保障自己的安全甚過於保護家人。

一位丈夫因為妻子想和他商量孩子的事而責罵妻子：「妳是家庭主婦，妳到底在幹什麼啊？」自己不保護妻子，卻要求妻子來保護自己，要求妻子同時扮演母親的角色。

這種男性過去有得到過母親的保護嗎？其實沒有。這類男性在成長過程中，於某種意義上一直扮演著保護母親的角色。覺得遭受父親施暴的母親很痛苦、很不幸，所以一直按照母親的想法生活，接受母親的支配。他們結婚後，擺脫了過往受支配的立場，有生以來第一次擁有一位能夠按照自己指示做事的女性，因而希望對方扮演母親、妻子的角色，負責孩子的教育……處理所有事情。「反正是我在賺錢」這種自以為是的想法，使男性感受到支配的快感。

在日本，男性只要有工作就能獲得認可，即使在家裡很不負責任，也不會受到任何苛責，是個對男性極度寬容的社會。即便妻子認為丈夫並沒有賺很多錢，仍會吞下所有不滿，忍耐維持夫妻關係。

如果妻子覺得很痛苦，應該一起想辦法互相支持對方，但在現實生活中，許多夫妻都無法做到這樣簡單的事，妻子也會覺得「就算講了也沒用」而放棄溝通。

夫妻共依存的起點，大多是以這種不和諧的夫妻關係為基礎。也就是說，共依存的種子會在「不幸」中發芽。

共依存會產生連鎖現象

非常悲慘的是，共依存不會在一代中終結，而是會連鎖傳承下去。舉例來說，遭受暴力的妻子會把對丈夫的不滿、怒氣或抱怨，全都宣洩在年幼孩子的身上，把孩子當成自己的出氣筒。男孩長大結婚後，因為有一個能受自己支配的妻子，就會對妻子為所欲為、暢所欲言，莫名地也跟自己父親一樣對妻子施暴，這到底是為什麼？

在成長過程中目睹暴力的孩子，會將施暴者或被毆打者其中一方的形象重疊在自己身上。所以，男孩子大多會將和自己同性別的父親（施暴者）與自己重疊，女孩子則經常將和自己同性別的母親（被毆打者）與自己重疊。除此之外，只能拒絕所有暴力長大成人。

身為妻子的女性在懷孕生子後，有生以來第一次擁有一個會乖乖聽自己的話、可以隨意讓自己支配的人，於是會把無法對丈夫或婆婆說出口的抱怨，宣洩在年幼孩子身上。然後，那個孩子又持續這樣的情況，連綿不斷下去。這就是支配的連鎖。

這個連鎖現象意味著，人們要做出自己過去毫無經驗的新行為有多困難。如果從小在父母施暴的環境下成長，自己也成為父母時，很容易會對子女施暴。當人們在過去曾經承受意義不明的痛苦，為了確認意義，就會反覆做出相同的事情。舉例來說，研究報告中經常可以看到的案例是，地震後，孩子在玩遊戲時，會將積木組裝的房子拆掉。這同時說明了在暴力環境中成長的人，之所以會對孩子施暴，是為了確認施暴的意義。

然而，關於「人們為何會將自己承受過的事情加諸在別人身上？」這個問題的明確原因，仍有許多不清楚的地方。正因為如此，自覺到「不要重現自己曾經遭受過的行為」便十分重要。

為了斷絕這種世代連鎖，要確實瞭解自己在原生家庭曾經有過的體驗，必須建構出和原生家庭完全不同的全新家庭關係。然而，這是一個相當困難的問題。共依存會在察覺時就想「停止」。所以，察覺到自己的共依存是非常重要的一件事，因為如果察覺到這一點，就代表已經開始改變。

施暴的丈夫和被打妻子的關係

相對於親子的共依存是披著親情之愛的外皮默默進行，夫妻的共依存則是支配・被支配的反轉，所以會出現暴力、戲劇性、又非常生動的情況。如同前面提過的，這種暴力行為稱為「ＤＶ」。

雖然有許多丈夫會施暴，但為此走到離婚一途的情況卻相當少見。

丈夫施暴時，隔天妻子的臉上會出現瘀青，於是丈夫會跟妻子說：「對不起，我錯了。」並溫柔對待妻子。這種溫柔雖然會持續一陣子，但等到瘀青消失，彼此間的緊張氣氛又會慢慢升高，丈夫又會開始施暴，許多夫妻就在日常生活中一直上演這種情況。甚至還有丈夫不跟妻子道歉，反而說出「都是妳不好，所以我才打妳」這種話。

為什麼妻子不逃跑？對於這個疑問，經常會出現「都是不逃跑的妻子的錯」這種論調。理由有好幾種，我們來看看例子吧。

常見的說法是「暴力的連鎖現象」。如果從兒童時期就是在家暴頻繁的家庭中長大，就不會覺得被打是多麼嚴重的問題，也不覺得這可以成為分手的理由。或許可以說，這些女性已經習慣了暴力行為。但是，並非所有承受暴力長大的女性都會變成這樣。

此外，如果一直被打得不明就裡，人會開始覺得「是不是自己有什麼錯？」然後還會被「沒有人可以拯救自己」的孤立感，以及「不論逃到哪裡，都可能會被對方找到」的絕望感襲擊。所以，妻子並非一直被打卻不逃跑，而是無法逃跑。

但是，最大的理由，恐怕是害怕失去「妻子」這個地位吧。即使已經迎向二十一世紀，結婚依然是女性人生中最大的課題，這種情況似乎仍未改變。成為一個男性的性對象，藉由婚姻制度取得妻子的寶座•地位，是無比重要的一件事。不管從什麼角度來看，要在以男性為中心的社會取得一席之地，就必須和男性配成一對，這種情況就稱為「結婚」。

如果逃離丈夫的暴力，就會害怕自己可能會失去這些東西。面對失去這些東西時要如何生存下去的問題時，許多女性就會選擇繼續被打。

因此，用「夫妻吵架不用管」這句諺語來形容妻子再度回到丈夫身邊的情形，就宛如是把這種情況詮釋為夫妻之間的羈絆，這是很嚴重的誤解。

A女士和比自己大一輪的醫生結婚，她很煩惱於丈夫的暴力問題。她是這位醫生的第三任妻子。第一任妻子因病死亡，第二任妻子則是無法忍受暴力行為，從醫生身邊逃走。總之，如果妻子不聽丈夫的話就會被打。丈夫一喝酒，就一定會跟妻子求歡，如果妻子拒絕，丈夫會發瘋似地打人。妻子只能一邊發抖一邊滿足丈夫，每天都如坐針氈。丈夫會監視妻子日常生活，還會要求妻子告知外出地點，所以連進行心理輔導，也是趁丈夫長期出差期間偷偷跑來。

她來到我們心理輔導中心時，一副精疲力盡的樣子，述說著自己已經瀕臨極限。

另一位B女士也是和醫生結婚，她在婚後生了三個孩子。丈夫總是忙於工作，完全不願意跟她討論孩子的事情。但她實有許多家裡的事想跟丈夫商量。有一次，她跟丈夫說：「你先別看報紙，聽我說話。」結果竟招來丈夫的毆打。

施暴的契機總是一些微不足道的小事，但是丈夫只要大發脾氣，就會讓人束手無策。她覺得自己已經無法待在那樣的家裡，可是當她一帶孩子回到娘家，丈夫就會跑去接她，還下跪道歉：「我再也不會對妳施暴。」娘家的父母看到這種情況也告誡她：「孩子需要父親。」結果B女士又回到丈夫身邊。

這種情況已經反覆出現十次左右。

在現今的日本，這樣的夫妻並不少見。但是因為現實中缺少提供諮詢的地方，所以妻子只能忍氣吞聲。

遭受家暴的女性絕對不是那種看起來很脆弱的人，大部分都是頂級美女，而且富有教養。她們給人的印象與她們身處的悲慘狀況，給人一種極大的不協調感，這也算是她們的一個特徵。

另一方面，施暴的丈夫＝男性，絕對不會出現在心理輔導中心。因為他們根本不會為此困擾。對日本男性而言，毆打妻子不是那麼嚴重的問題。但是他們絕對不會對比自己強的人動手，只會毆打比自己弱的人，或是為了顯示對方比自己弱而動手。這算是行使權力的一種吧，這種暴力絕對不能原諒。

將「共依存」這個名稱用來形容那些被打的妻子，可能會引起些許反感。因為這樣做恐怕會使人產生「這是被打的妻子有問題」的誤解。在此，我要強調一件事，施暴的丈夫才是問題關鍵，我希望這些女性能明瞭這一點，被打還不逃走只會對自己造成傷害，而且也無法改變施暴的丈夫，讓對方不再打人。

「共依存」這名詞可以促使被打的妻子離開對方，離開施暴的丈夫是唯一的方法。「共依存」是有助這些女性離開丈夫的詞彙，所以我使用「共依存」時是極為限定的。

「愛過頭的女性」和「脆弱的男性」

「愛過頭的女性」會說出「如果我不陪在這個人身邊，他就會活不下去」這種話，然後選擇一個看起來有點脆弱、需要別人幫助的男性。她們會選擇這種容易支配的男性當丈夫，而且還會哀嘆：「我的男人運很差，總是很辛苦。」她們的心情絕對不是痛苦地認為「如果沒有我，這個人就活不下去」，反而是「正因為有我，他才能活下去」。

這是一種充滿極大快感的狀態，因為自己可以完全支配他人的人生。她們不是要追求自己的幸福，而是尋找沒有自己就會活不下去，或是人生快要崩潰的異性，支配這個異性的人生，活在這種快感中。

C先生在車禍中失去雙腿，他喪失了活下去的希望。此時他遇到D小姐，對方告訴他：「我想要成為你的雙腿。」C先生很訝異對方選擇了這樣的自己，覺得D小姐就像是聖女，於是兩人歡喜地結婚。

但是婚後，C先生覺得D小姐逐漸剝奪了自己的自由，好像被迫一天二十四小時都要對妻子付出關心。

妻子經常反覆說道：「以前都沒有人願意接受我，但只有你願意接受我對吧？」

C先生也不斷回答對方：「我會接受妳的一切啊。」

當妻子問他：「我是不是辭掉工作比較好？你覺得怎樣？」

他一回答：「我不是很清楚。」

妻子就生氣逼問他：「你好冷淡喔！你不是說你願意接受我的一切嗎？」

C先生覺得很困擾，只能回應：「辭掉比較好吧。」

妻子就馬上抱怨：「你想要我辭掉工作喔？」

於是C先生只好無可奈何地答道：「那妳繼續工作好了。」

但是妻子的工作並不順利，被逼到走投無路。於是她就把這種情況全都怪罪於C先生：「都是因為你叫我繼續工作。」

每天不斷上演這種情形，所以C先生陷入了受妻子話語束縛的窘境中。有一天，他要求妻子：「我不知道妳到底在想什麼？我希望妳離開。」

結果妻子極力反擊：「你是要拋棄我？」

C先生答道：「我也不想拋棄妳，但是我一回答妳的問題，妳就會把責任全推到我身上。我不知道該怎麼回答妳，所以請妳離開吧！」

結果妻子哭喊著：「你太過分了，居然要拋棄我！」

C先生不知道該怎麼辦，只能對著牆壁扔東西。妻子離家大約一個星期之後，又回到C先生身邊，抱著他說：「我只有你了。」之後又開始上演同樣的戲碼。

支配他人人生的快感

C先生說：「和她在一起我會很焦慮，會想丟東西、動手打人，我覺得這樣的自己很可怕，所以想跟她分手。」

這兩人之間所發生的事情，就是女性成為丈夫失去的雙腿以支配丈夫的生活，並把自己的人生決定都交給丈夫處理，依存在這種支配和逆向支配的關係中。

對這位女性而言，只有自己能完全支配的男性不會拋棄自己，這可以給她帶來安心感。因為自己是丈夫的雙腿，所以她認為丈夫絕對不會拋棄自己。

另一方面，對C先生而言，被妻子託付人生決定，就是被迫慢慢介入妻子的人生，被迫只能關心妻子一個人。而光是這樣做，就讓C先生覺得他連關心自己的權利都被剝奪了。看起來是妻子把自己的人生交給丈夫，其實是一直強迫丈夫扮演父母和萬能之神的角色，來認可自己所做的一切。這只會讓C先生覺得自己的人生不斷被剝奪。C先生拒絕了追求這種共依存關係的妻子。

C先生雖然可以逃離這種共依存關係，但是D小姐即使和他離婚，之後還是會選擇容易受自己支配的男性，反覆維持這種共依存關係。

男性的共依存也跟女性的共依存一樣，會以一種像是要拯救對方的模式，去接近無法獨自生存的脆弱女性、對人生絕望好像有自殺意圖的女性，或是因為各種理由而有某些不利條件的女性，和對方一起生活。自己幫助對方時，就覺得「這女人好可憐」「這女人沒有我就活不下去」，活在這種支配他人人生的快感中。

男性並不是要尋找彼此關係對等、能夠互相喜愛的開朗女性，而是接近不幸、看起來很不安的女性，借用「愛」的名義去支配對方。而且對方不可以得到幸福，否則女性就會逃離自己的支配。就好像兩個人總是以不幸為餌，從中品嘗快感一樣。

所以，共依存並非女性獨有的現象。此外，女性的共依存，會讓人覺得好像具備某種「求生方法」的堅強感，但男性的共依存則飄散著一股腐爛的臭味，似乎裡面存在著好幾層不正常的支配關係。所以對於男性的共依存，有時我會有一種本能的厭惡感。

這是誰的問題？

共依存無法產生幸福。處於這種關係中的人，全都很不幸。當旁人都很不幸，就先從自己開始變幸福吧。這就是擺脫共依存的方法。

要擺脫共依存，就要盡量想著「為自己而活」，不要老是替他人著想。「我要做快樂的事」，以主語是「我」的方式思考、說話，付諸行動，明確區分自己和他人的事情。

在我們原宿心理輔導中心，會定期進行共依存團體輔導（簡稱「KG」）的課程。在KG課程中，一開始會先釐清共依存是出自誰的問題。

例如，有些人會滔滔不絕講述女兒的狀況，有些人則是不停述說丈夫的事。當我詢問對方：「這是妳的問題嗎？還是妳女兒的問題？」對方會回答：「這……這是我女兒的問題。」或是「我沒有想過這是誰的問題。」我們會繼續反覆詢問對方：「那妳的問題是什麼？」

一位個案詳細述說女兒的事情後，接著說道：「……這樣的女兒不想上學，一直待在家裡，還責怪我『這都是媽媽的錯』。」

我一問她：「然後呢？妳的問題是什麼？」

她便答道：「我不知道該跟女兒說什麼才好？這就是我的問題。」

像這樣區分自己和對方的問題後，自己的問題就會越來越清楚。

整理各種糾結的問題，就可以清楚知道自己想怎麼做，而且拉開與對方心理上的距離後，心情也會比較放鬆。

每個因為丈夫酒精成癮症或賭博成癮症、女兒進食障礙、兒子繭居等各種問題來進行心理輔導的女性，都會參加這種團體輔導。來的大部分都是中年女性，大家有著各式各樣的問題，我認為問題「多元化」也是一件好事。

有些悲觀的人會覺得「我是世界上最不幸的人」，但加入團體輔導，接觸到各式各樣的問題後，有時反而會讓她們瞬間改變態度，變得更有活力。此外，因為大家的問題各不相同，所以成員之間不容易有競爭感，反而還會變成朋友關係，因為她們的共通點就只有「共依存」而已。

共依存團體的一套輔導課程是一個禮拜進行三次，三個月總共十二次，參加三套課程後，這些女性就會有很大的改變。在此省略詳細內容，但我在這個團體輔導中，經常告訴大家「要快樂地活著」，這是最重要的一件事。

而且我會不斷強調，當她們變得開心有活力、覺得很幸福，就能漸漸解決孩子、丈夫的問題。以負面心態面對共依存的人，強調、責罵他們的狀況是一種「疾病」，並沒有任何意義。這些人越是努力忍耐，就會一直上演過往的情況。

團體輔導的氛圍大多洋溢著中年女性十足的活力。我自己本身也是中年女性，所以有時也會對她們說的事產生共鳴，忍不住流下眼淚，但我還是想讓團體盡量充滿歡笑。

現實情況不會那麼快就改變。既然如此，至少大家來參加團體輔導時，要讓大家處於開朗、有活力的環境中。事實上，這的確是一個充滿歡笑，還有點吵鬧的團體輔導。

為丈夫的女性關係受傷

E女士是五十二歲的家庭主婦，在丈夫經營的營造公司擔任會計。丈夫老家原本是近郊的農家，但因為鐵路開通，一夕之間變成住宅用地，於是就改行經營營造公司。

她為了三個兒子的問題前來進行心理輔導。長子因為處於憂鬱狀態，定期前往醫院精神科接受治療，大學畢業後一直待在家裡；次子雖然念到大二，但現在休學繭居在家；么子就讀高二，卻不想上學。她忙於家事和公司的會計業務，而且開始無法忍受三個兒子整天都待在家的問題，於是透過公家機關的介紹前來進行心理輔導。

參加團體輔導後，我們慢慢瞭解一件事，對E女士而言，最痛苦的並不是兒子的問題，而是丈夫的外遇。兒子雖然待在家裡，但是會幫忙做家事，平常也只是打打電動，不會對她口出惡言。尤其長子是E女士很好的聊天對象，兩人還常常針對電影話題，一聊就是一個小時。她三個兒子的共通點是，他們都很討厭父親，次子甚至不和父親交談。

和兒子的問題相比，丈夫的女性關係讓E女士更受傷。丈夫愛花大錢，一直和酒店小姐、公司女職員發生外遇，結婚以來她就飽受折磨，還因此生病。即使如此，「為了三個兒子」，她還是一直忍耐。

在團體輔導的談話中，她慢慢瞭解到，她那麼做對兒子根本沒有任何好處。團體中有好幾個人都有相同的狀況，因為共依存的團體輔導就像是女人不幸的展示會……我已經跟她強調過很多次，丈夫的女性問題並不是她的錯，是「丈夫的錯」，她每次聽完都淚流滿面。一直以來，世俗的常識總是告訴我們「忍耐是好事」，但我還是忍不住告訴她：「妳要向這種丈夫報仇！」

丈夫改變，孩子也跟著改變，發生骨牌式變化

後來她開始考慮離婚。和丈夫分手當然也是一種選擇，但在這之前，我建議她先和丈夫進行「I Message 交談（以「我」為主語來交談。請參照 P153）」。分開是最後的選擇，所以在這之前必須嘗試所有能做的事，因為輕易離婚通常都會後悔。

E女士雖然不擅言辭，但還是盡量一點一滴向丈夫傳達自己的心情，以及自己對孩子的擔心。她也向丈夫提出具體建議：「我希望和你談談孩子的事情」「我希望你跟我一起去見見孩子的老師」。

在這種時候，她絕對不會責怪丈夫。若是責怪丈夫，雙方一定會爆發口角。起先，丈夫無視她的提議，還罵她：「吵死了。」但她毫不氣餒，就這樣持續努力了半年。

後來，丈夫開始找E女士商量工作上的煩惱，對於丈夫的改變，E女士也盡量以「I Message 交談」來傳達自己的心情，回應丈夫。

她盡量避免使用「去做～」這種口吻提供建議。因為向丈夫提供建議，往往會變成委婉的支配（控制）丈夫。

於是，從孩子出生以後，夫妻間的溝通首度恢復正常。很奇妙的是，當夫妻關係改變後，丈夫和孩子之間的關係也跟著改變了。丈夫開始和兒子一起出門，E女士也藉此擺脫「孩子是因為我才……」的沉重負擔。

E女士的穿著打扮也開始變時髦，有時還會在結束心理輔導後，在原宿逛街購物後再回家。

進行心理輔導一年後，E女士的第三個兒子考上了大學。次子開始在便利商店打工，長子因為我的建議，開始在住家附近、E女士丈夫名下的公寓獨自生活……發生了一連串的骨牌式變化。她自己也出現「欸？為什麼會這樣？」的驚人變化。而且夫妻之間也變成能夠鬥鬥嘴的關係，每年還會一起休假進行一次國外旅行，這也成為他們家的慣例。

E女士幾乎一整年都沒有缺席，持續參加團體輔導，也認真完成團體輔導要繳交的「作業」。我在團體輔導課程中，也好好讚揚了她的「優點」。當好事開始發生，就會不斷出現好事。但是，這個改變的契機，是意識到自己能力的極限，從尋求「他人的幫助」開始。

所以，利用共依存的團體輔導，就能慢慢改變長期以來的家庭關係、解決問題，而且大家也能在心理輔導的過程中得到樂趣……這應該是最完美的情況吧。我認為我們的工作絕對不是批評、責罵，而是像對待E女士那樣，去幫助對方發揮自己本有的力量、讚美對方，和對方一起生氣、歡笑，慢慢建構出這種關係。想要擺脫共依存的關係，必須從放鬆心情開始做起。

第2章

成年兒童的希望

成年兒童的原意

我長期替自認是成年兒童的人進行心理輔導。美國的成年兒童案例通常很一目了然，指的是在明顯受到父母虐待、施暴的環境中成長。然而日本的成年兒童，卻是受到家人溫柔的愛所支配，大多很難察覺。

「成年兒童（Adult Children）」原本的語源是「Adult Children Of Alcoholics（縮寫＝ＡＣＯＡ）」，意思是「被酒精成癮症父母養大的人」。省略「ＡＣＯＡ」的「ＯＡ」而簡稱「ＡＣ」。

在日本，除了酒精成癮症，成年兒童還包含被賭博成癮症、工作成癮症等有相似成癮症狀父母養大的人，所謂「成年兒童」指的就是這些在機能不健全家庭中長大的人（Adult Children of Dysfunctional Family＝ＡＣＯＤ）。所以，成年兒童指涉的對象相當廣泛。

酒精成癮症的治療發展過程中，除了酒精成癮症患者，治療者也開始關注在這些父母身邊長大的孩子。原本面對酒精成癮症時，都是視這些酒鬼為「麻煩製造者」，但後來美國制定了禁酒法律，開始視他們為「罪犯」。而且因為他們對酒精喪失控制能力，所以又被視為是一種疾病。

當治療模式從「司法模式」變成「醫療模式」，收容場所也就從監獄變成了精神病院。但是這些人「一旦離開監獄（醫院），又開始喝酒」的情況一直沒有改變，所以令從事精神醫療的相關人員備感無力。

自助團體的出現，使這種情況出現巨大改變。酒精成癮症患者以「今天一整天不喝酒」為目的聚集在一起，討論自己的情況。只因為日復一日進行這件事，就能夠持續戒酒，這個事實給專家帶來重大衝擊。

在某種意義上，這也意味著醫療的失敗，但專家開始將這種模式巧妙地納入治療。也就是說，專家瞭解到，酒精成癮症是一種「人際關係障礙」。意識到醫療模式的界限後，才衍生出「關係模式」。

藉由對「關係」的關注，以及受到「家庭系統理論」將家庭視為一個系統的影響，治療焦點開始擴大到酒精成癮症患者的家庭關係。因為酒精成癮症一開始就不是能夠完全依靠醫療模式解決的疾病，所以，在治療方面，醫生之外的輔助醫療人員也發揮了很大的作用。

他們首先注意到酒精成癮症患者的妻子。「共依存」就是在這個階段出現的名稱。

明確了酒精成癮症患者和共依存的妻子之間的伴侶關係後，大家才開始注意到他們孩子的問題。

關於酒精成癮症和成年兒童的論述，請參照「第3章　依存症的丈夫和共依存的妻子，以及他們的孩子」。

發現自己是成年兒童的三個關鍵

我將成年兒童（AC）定義為「認為是和父母之間的關係不好才使得現在的自己活得很痛苦」。

這個定義有三個重點。

1 活得很痛苦不是因為性格，而是和父母間關係所導致

一直以來，我們都將活得很痛苦歸因於自己的性格、思考方式，或是社會體制和政治等原因，覺得社會應該要有所改變，把活得很痛苦和社會改革的必要性結合在一起。

然而，AC認為自己活得很痛苦的原因，與自己和社會兩者無關，他們認定原因在於

「和父母之間的關係」。

但是，要承認自己對父母有這種負面情感，絕對不是一件容易的事。雖然日本根深蒂固的「孝順」價值逐漸有所動搖，而且在現實中，「父愛」「母愛」的神話也瀕臨解體。但是，說父母的壞話在日本仍是一種禁忌。

不過，ＡＣ卻能超越這種親子關係的禁忌，拿出勇氣去追尋自己活得很痛苦的根源。

2 起因於和父母的關係

如果認為「我活得很痛苦，是因為父母給的愛不夠」，就會責備父母、攻擊父母，覺得父母要向自己道歉，這是單純的因果論。但是，基於因果論去尋找犯人、攻擊對方，並沒有任何意義。這和第一個重點「和父母的關係」有關。

父母實際作為的客觀性並非問題所在，問題始終都是自己和父母的關係，自己眼中的父母才是關鍵。「對我而言，和父母間的關係讓人覺得很痛苦」這種心理事實才是問題。要承認和父母的關係，是導致自己活得痛苦的眾多因素中的主因。

但是，請不要把這個視為原因。如果把父母視為原因，為了消除現在的痛苦，就必須改變被視為是原因的父母。如此一來，就會誤以為只要責備父母、攻擊父母，就能解決所有問題。所以請將和父母的關係視為起因。

3 以自我認知・自我陳述為基本

「ＡＣ」的人會開始尋找自己活得很痛苦的原因，並承認和父母的關係就是問題所在。ＡＣ不是由別人根據有沒有症狀，或檢查項目來判斷、診療。即使外表沒有任何問題，以社會觀點來看也是個幸運兒，只要自認為「我是ＡＣ」的人就是ＡＣ。好像有很多人經常無視這一點，擅自將「ＡＣ」當作是診斷名稱或標籤，這真的令人相當遺憾。自己的身分認同，並非由他人決定，而是自己決定，這種理所當然的事就是基本。

有些人會覺得，「接觸到『ＡＣ』這個詞，解開自己心中的謎題，就好像收集起所有拼圖，讓心情變得很輕鬆」這些人會自我認知為ＡＣ，以作為必要的身分認同。ＡＣ這個症候群不需要治療者提供治療，也不需要透過檢查項目來進行自我診斷。

出現「我是ＡＣ」的感覺時，你就是ＡＣ。自己察覺、自己這樣認為時，就是澈底的ＡＣ。

成年兒童擁有改變自己的希望

若將成年兒童（ＡＣ）的概念，與過往的心理學或精神醫學的概念相比，具有什麼特徵呢？

1 ＡＣ是肯定的詞彙

如果自己覺得痛苦，就要承認這種痛苦。這種「心理事實」是從主觀出發的。必須肯定自己感受到的事，以及自己的主觀。

ＡＣ會肯定自己活得很痛苦這種主觀想法，而且也會肯定「自我認知是ＡＣ後，覺得比較輕鬆」這件事。這和過往那種尋找自己的缺點，再加以否定的心理學用語稍微不同。雖然人類檢查身體疾病的方法越來越進步，但我們對自己的感覺，還是過度依賴權威和客觀的方法。

我們必須以自己的感覺、主觀為基礎做出自我陳述，並給予肯定。所以ＡＣ是一個肯定的詞彙。

2 AC是免責的詞彙

察覺自己是AC的人，在機能不健全的家庭中，既不會惹出問題，也不會讓自己生病。有一個反論（悖論）是，他們在這種生存過程中所學到的感受方式、認知方法，以及人際關係的應對方式，在離開原生家庭後，會和周圍事物產生不一致和不協調感。

但這並不是當事人的錯，反而還值得為他們頒發「英勇戰鬥」的獎項。自己活得很痛苦並非自己的責任，儘管有點諷刺，但使自己痛苦的是為了延續與父母的關係而學習到的事物，而AC這個詞彙所指涉的就是這點。這就是「你沒有責任」的免責性。

這個免責性就是許多人接觸AC一詞後，會覺得很輕鬆的理由。AC這個詞彙包含了「你沒有責任」的溫柔。

3 擁有改變的希望

如果活得很痛苦並不是因為自己與生俱來的性格，而是在成長的家庭中為存活下來所學到的事物所造成，那麼只要重新學習這些東西，應該就能改變。

人際關係的應對方式、各種感受方式，以及認知方法等，這些都是在原生家庭的成長過程中不知不覺學會的。察覺到這一點，瞭解自己的行為模式特徵，就能做出改變。

相反的，如果沒有察覺到這一點，就無法改變。尤其是人際關係的應對，可以透過心理劇（psychodrama，請參照P138）等方法重新學習。

這樣就可以產生「自己是可以改變」的希望。

父母關係會影響孩子

我在替察覺自己是成年兒童的人進行心理輔導的過程中，累積了許多經驗，而這些經驗也大大動搖了我對家庭、親子、大人和孩子的認知。

那就是——

1 孩子在成長過程中會支持父母。

2 孩子為父母著想的程度甚於父母為孩子著想。

3 嚴格的教養方式對孩子有害。

4 父母必須幸福。

5 母親的忍耐有害無益。

我這樣寫出來，或許有人會覺得我好像在開玩笑。但毫無疑問的，這是我從臨床經驗得到的實際感受，我深切認為我們必須推翻過往的常識。

此外，我認為這些實際感受起因於日本的家庭變化。雖然人類大致克服了戰爭、天災、貧窮這三大災難，但家庭機能也出現了巨大改變。

在安全方面，即使沒有家人，社會也會保障人類的基本安全，而且還有各種保險制度。在經濟方面，父母為了養育孩子，自己只能喝粥的情況，也已成為過去的傳說。「你以為你是靠誰養大的？」父母這張最後的王牌，力度也已經不夠。而且，因為經濟長期不景氣，我們也無法再期待經濟直線上升的榮景。為工作努力、犧牲的價值已消逝不見。

在這樣的社會變化中，家庭和父母到底發揮了什麼功能？

我認為這種變化、社會的變質，證明了日本已經成為名副其實的先進國家。已經來到從正面探討與家人間「關係」的時代。所謂的「關係」是指，家人間的情緒交流、語言溝通這種人際關係的本質。這個本質一直隱藏在「隱私」中，肉眼無法看見。

每次遇到青春期少年藥物成癮（吸食稀釋劑等）的案例，我總是會產生「為什麼像這種看似正常家庭裡的孩子也會……」的疑問。我自己的假設是，這些孩子的問題行為正反映出父母之間的關係。

我們經常可以看到，在社會上身處菁英地位的父親，在家裡完全不和妻子進行情感交流。妻子不聽從丈夫的支配，導致丈夫對妻子施暴的情況也並不罕見。目前這時代，會給孩子帶來決定性影響的已經不是父母的社會地位，而是父母之間「關係」的品質。而這個品質，是由支配・被支配關係中可以獲得多少自由來決定。

相信自己的感覺活下去！

父母必須確認這些非常基本、理所當然的事，在家庭這個團體中能夠實現多少？例如是否能夠好好聆聽別人說話？是否能夠不支配對方，平等地進行溝通？是否有開心的時候？是否能夠心意相通……。

夫妻之間的這種關係，比親子間的更重要。父母之間如果能夠達到這種關係，孩子就會在不知不覺中學會建構這種關係的能力。對孩子來說，要實行沒有看過、聽過的事物相當困難。如果孩子未曾見識過幸福的夫妻關係，長大後可能成為幸福的夫妻嗎？

多數父母對於自己身為父母這件事感到莫名的不安。這種缺乏自信的原因，應該是來自於他們緊抓著「要跟大家一樣普通」「要做一般人」的想法吧。其實，「普通」是和別人比較後產生的感受，而且在這當中會產生競爭意識。父母利用孩子加入「要跟大家一樣普通」這種看起來平等的競爭。在這種不安能量的支撐下，對孩子產生巨大「期待」的支配，將家庭這個孩子的容身之處，變成調教和訓練孩子的場所。

過去那種經濟急速成長的時代已不復見。那個時代的能量，是使勁鼓舞自己的能量，是不斷否定自己、以這種痛苦為養分而成癮的力量。這是發展中國家釋放能量的方式。活在那種時代的父母，也期待孩子採取一樣的方式釋放能量。他們會告誡不想上學的孩子：「你不要太任性！」或是責備罹患暴食症的女兒：「妳真是奢侈又任性！」他們相信這樣做，孩子就會「重新站起來」。但是現代人應該已經沒有那種能量可以發揮，而且也沒有必要為這種痛苦費盡力氣。

許多人，尤其是年輕人，現在所追求的就是「被肯定」。受到稱讚激發幹勁，比被貶低而激發幹勁還要健康。所以，父母更要多加肯定孩子、讚美孩子。

不用擔心這樣做會寵壞孩子。「寵溺」是支配者害怕受到被支配者反擊的用語。

透過自我否定來激發能量的時代已經結束。接下來要輕鬆、不勉強，相信自己的感覺活下去。

和「寄居在自己心中的父母」結束關係

成年兒童（ＡＣ）並不是疾病名稱或診斷名稱，而是一種自我認知。既然不是疾病，為什麼會用到「恢復」這個字眼？

「恢復」一詞，原本是針對酒精成癮症患者在戒酒後，過著沒有酒精的人生時所使用。如果喝酒時能掌握分寸，就會使用「痊癒」「治癒」這些詞彙，但對他們而言，只有「戒酒」一途，所以沒有使用「治癒」，而是使用「恢復」這個說法。「恢復」也應用在所有依存症、成癮等狀況上。ＡＣ這個詞彙是起源於酒精成癮症的治療現場，所以使用了「恢復」這個說法。

恢復過程中，最重要的就是如何在自己的內心改變和父母的關係。ＡＣ的人會如此說道：「對我而言，父母有時很強大，但當他們依靠在我身上，講出『沒有你我就活不下去』這種話時，又會變得很脆弱。」

我將這種不是現實中的父母，而是寄居在自己心中的父母稱為「內在父母」。要如何改變和這種內在父母的關係，就是ＡＣ的問題所在。將以前認為那是父母給自己的愛，替換成支配的概念，就能瞭解自己為什麼會覺得父母的愛令人痛苦。藉由談論與父母之間發生的事情，就能逐漸改變這種情況。

這些事情可能全都是對父母的怒氣，或是謾罵。但是談論這些事情、得到他人認同後，就能逐漸拉開和父母的距離。藉由這些談論，傾吐出原本一個人放在心裡的事情，就會慢慢變輕鬆。過去在自己心中像怪物般強大的父母，會漸漸變小，這就是和寄居在自己心中的父母訣別。在談論的過程中，整理、調整彼此的距離，慢慢進行訣別。

雖然是自己的人生，但其實是父母為自己寫下了人生劇本，所以劇本的真正主角是父母，自己只不過是配角。

當再度以自己為主角，談論自己的成長過程、重新建構自己的成長過程，就可以取回自己的人生，在父母的人生和自己的人生之間劃出一條界線。如此一來，就能整理、結束和內在父母的關係。

AC的恢復，有七成是透過整理和父母之間的關係，剩下的三成則是取決於如何改變自己成長過程中所學到的人際應對關係、感受方式，使自己活得更輕鬆。

但是，因為這些已經成為自己的一部分，做出改變需要花費一定的時間。而且在這個過程中，如果注意到人際關係的問題，卻沒有做出改變，就不會出現任何變化。人際關係的應對改變時，自己的感受方式也會跟著改變。要改變人際關係的應對，最好的方法就是運用心理劇（請參照 P138）。

以察覺自己是ＡＣ為起點，一旦開始恢復就會越來越輕鬆。可以和父母保持距離，父母在自己心中，會逐漸變成一個渺小的存在，變成普通的老人。不久之後，甚至還會忘掉ＡＣ這個字眼，這應該是最幸福的情況吧。

中年男性的成年兒童現象

我認為成年兒童（ＡＣ）是中年世代的用語，這和日本人平均壽命增加，人生變長有關。

這些中年世代的父母，建構了目前日本這個長壽的國家。這些父母在戰爭中期和戰後社會，精神奕奕地過生活。中年世代被夾在充滿活力的父母和青春期子女間，正是最需要認真思考親子關係的一群人。

當年邁父母的照護問題迫在眼前，青春期的孩子也出現問題，這些中年世代就像三明治一樣，被夾在父母和孩子之間。這種情況雖然很痛苦，但只要解決和父母之間的難題，就能同時解決自己和孩子間的難題，可說是一舉兩得。

這種情況並非只出現在女性身上，男性也一樣，而且也有許多中年男性察覺自己是ＡＣ後，前來進行心理輔導。我的心理輔導中心從一九九八年開始，替三十歲以上的男性ＡＣ進行團體心理輔導。每個月一次，在周日的下午，一些有妻子、小孩，自認為是ＡＣ的男性會聚集在一起。

雖然來進行心理輔導的人，女性還是占了絕大多數，但像這種有工作、有家庭的男性能夠自認為是ＡＣ，是很好的現象。尤其男性總是談論自己的工作，許多人就像「忘了怎麼說話的金絲雀」一樣，但是在ＡＣ的團體輔導中，他們用自己的語彙談論父母的事情，有時講到一半還會流眼淚，那真的令我非常感動。每次遇到這種時候，我都覺得自己選擇這份工作真是太好了。

無論男女，都會因為和父母之間的關係感到痛苦。更別說身為一個兒子，這種痛苦可能更加強烈。

對於年輕世代的ＡＣ而言，因為父母仍然健在，現實生活中的支配是以目前仍持續出現的問題為主。通常是學生時期，或是就職前、結婚前，這些還未組成自己家庭前所發生的問題。

但是中年世代的ＡＣ已經結婚，也有自己的工作，他們的問題是在組成自己家庭之後形成的。這些人如何察覺自己是ＡＣ？我將這些中年世代的ＡＣ歸類為三種類型。

1 因為孩子出現某些問題（例如不想上學、進食障礙等等），接受心理輔導時，發現自己和孩子的關係，跟自己和母親的關係一模一樣而察覺到自己是ＡＣ。

2 因為要照顧年老的父母，第一次注意到自己的憤怒和厭惡感而察覺到自己是ＡＣ。

3 一直全心投入養育兒女，在孩子獨立、丈夫的工作也告一段落時，開始關注自己和父母之間的關係而察覺到自己是ＡＣ。

察覺自己是成年兒童，斷絕世代連鎖

「世代連鎖」是指將父母對待自己的方式，用來對待自己的孩子。其實，這或許是中年世代ＡＣ的最大問題。

有些女性在成長過程中，完全沒有被父母疼愛過，只是不斷遭受父母的激烈責罵、體罰。年幼的她們即使遇到這種情況，仍然會尋求母愛，覺得「因為我是壞孩子，所以媽媽才會打我」，經常向母親道歉。

有個個案是位三十歲的女性，她沒有被父母施暴，但是在母親的惡言惡語下長大成人。母親責罵她的話從「為什麼妳不聽父母的話！」到「妳為什麼不回答？」「妳為什麼要哭？」……全都是孩子無法回應的斥責。後來情況更加嚴重，變成「妳為什麼要生下來？」「妳為什麼坐在這裡？」「妳為什麼活在這裡？」這種把人逼到絕境的問題。哭也沒用，道歉也沒用，最後她疲憊不堪，就像石頭一樣僵住，連意識都模糊不清。「我是不是不應該活著？」的感覺，從五、六歲開始，就占據她內心深處。

對她而言，即使受到母親如此對待，母親仍是自己唯一的母親。結婚時她只跟丈夫提出和母親同住的條件。婚後和丈夫生了女兒，因為不想讓孩子過著和自己一樣的人生，她從懷孕時期就猛讀育兒書籍，在心裡想像孩子和自己一起幸福邋鞦韆、歡笑的場景，迎接孩子誕生。

但是女兒三歲時，她一聽到女兒頂嘴，就忍不住打了女兒。雖然非常訝異自己居然會做出這種舉動，卻無法停手。看到女兒因恐懼而呆滯的眼神時，她似乎看到很久以前自己的那雙眼睛。

之後她經常毆打女兒，每次動手後她都自責不已。但她越是自責，毆打女兒、惡言相向的次數就越多。她發現自己終於喊出：「妳為什麼要生下來？」時，已經非常絕望。這時她抱著病急亂投醫的心情走進書店，無意間翻到一本討論AC的書籍，讀著讀著，不禁淚流滿面。「原來是這樣啊！我把母親對我做的事情，反覆地拿來對待女兒……既然如此，或許有辦法停止吧！」出現這種想法後，她前來進行心理輔導。

因此，三明治世代的人若做出改變，就可以斷絕世代連鎖。不可以將世代連鎖視為命運或遺傳。如果是因為和父母之間的關係而學到的事，將可以做出改變。

自覺到自己是AC會讓他們體認到不要將痛苦傳給下一個世代，也能為孩子創造幸福的未來。

述說對父母憤怒的中年女性

在ACG II（針對中年女性進行心理輔導的AC團體）中，要求成員談論自己和父母的關係時，是以孩子的立場來進行討論。從談論「我爸爸」「我媽媽」開始。

「我爸爸在聖誕節晚上喝酒發酒瘋，媽媽帶著我和弟弟，三個人一起光著腳逃走。新潟的聖誕節覆蓋在一片白雪中，我好冷又好想哭……但我不是為了媽媽而哭。我站在被大雪覆蓋的橋上，望著底下河川時，媽媽對我說：『要不要一起跳下去？』」

「我撿了小貓回家，跟媽媽說我想養貓，媽媽說不能養貓，如果要養就要把我趕出去，而且還不讓我進家門。我抱著貓在外面待了一整晚，肚子又餓又難受，而且好冷……。」

我印象很深的是，她們在談論這些事情時，還不斷自責：「我是不是太冷酷了？」覺得自己「是不是太記仇？」

若以常識來看，中年女性抒發對父母的憤怒，或許會令人覺得有點奇妙。但是，在團體輔導中，也有人會一邊聽一邊點頭稱是，或是邊聽邊流下眼淚。在討論因為和父母的關係而令自己感到痛苦時，可以獲得共鳴，也不會被任何人指責，這就是團體輔導的「安全性」。

無法觸碰母親身體的獨生女

身體健康、一個人獨居的八十六歲母親突然因為腦出血昏倒住院。五十五歲的F女士因為是獨生女，決定將母親轉到自家附近的醫院，好方便照顧母親。F女性是名公務員，她和酒精成癮症患者的丈夫離婚，一個人獨居公寓。兩個孩子已經獨立，生活過得很不錯。

有一天，她下班後去醫院探望母親，當她脫下母親的睡衣，打算幫母親擦拭身體，她發現自己的手一直抖，無論如何也無法觸碰母親的身體。

因為過於突然，F女士自己也感到驚訝不已，調整呼吸後，她打算再次觸碰母親的身體，卻依舊做不到。後來看護人員剛好過來，她才總算把那個場面應付過去，但是在回家的路上，她在心裡想著：「我這算什麼女兒啊？」「我為什麼這麼過分？」無法相信自己會那樣，只能不斷自責。

F女士的父親因為酒精成癮症，很早就過世了，母親獨自一人帶大她，而自己居然無法觸碰這樣辛苦的母親……她想著這些事情，回家後整夜無法入眠。

隔天她和好朋友討論這件事，朋友對她說：「妳該不會是AC吧？」雖然第一次聽到這個名詞，但她直覺這可能是解決自身問題的關鍵，於是去買書來看。

書裡描述了對母親的感情、一直以來壓抑在心裡的憤怒，以及之前不願面對的、來自母親的支配……這些都宛如是發生在自己身上的事情。

當F女士用AC這個名詞，整理自己和母親的關係後，她認為有一天自己或許可以照顧母親，或是接觸母親的身體，所以她前來進行心理輔導。

父母無法獨自一人生活，身為子女的自己必須負起照護責任時，過往壓抑在心裡的、對父母的感情，就會以無法預料的形式出現，這是很常見的。不用去否定自己、責怪自己，可以透過心理輔導，以「我是AC」的角度來觀察這種情況，整理自己對父母的感情。即使依舊無法原諒父母，也能以相對平靜的方式和父母告別。

ＡＣ這個名詞，或許能成為解決老人照護問題，亦即如何面對父母人生最後一刻的關鍵。

即使無法做到「互相關愛、彼此原諒」的表面功夫，只要能夠堅定、平靜地和父母「真正訣別」，那就是最好的告別方式。

第3章

依存症的丈夫和共依存的妻子，以及他們的孩子

承受三重打擊長大的成年兒童

在酒精成癮症患者的家庭中，除了患者本人，還有妻子和孩子。美國酒精成癮症一線治療現場的社工、臨床心理師以及看護人員等輔助醫護人員，注意到酒精成癮症患者妻子的狀況，將她們稱為「共依存」，並把和這種父母一起生活長大的孩子，稱為「被酒精成癮症父母養大的成年兒童（ＡＣＯＡ，簡稱「ＡＣ」）」。

因此，酒精成癮症患者和ＡＣ有著密切的關係，重新認識酗酒問題這個原點後，就可以明確瞭解共依存和ＡＣ是什麼狀況。

酒精成癮症患者的家庭是什麼情況？觀察在那種家庭長大的孩子受到什麼樣的影響，就能瞭解箇中情形。

第一重打擊是父親酗酒

喝酒的父親會出現許多造成孩子心理創傷（請參照 P97）的行為。三、四十歲的大人會出現宛如三、四歲小孩的暴力行為、惡言相向、失禁或嘔吐等各種舉動。支配妻子、傷害孩子這些行為可說是家常便飯。

雖說是家常便飯，卻沒有一定的規則，會不規律地發生，而且更糟的是，不知道什麼時候會發生。

孩子完全不知道這種非常恐怖又會令自己受傷的情況，是今天會發生？還是一個月之後會發生？或是今天發生了，明天會不會又出現？這種不規律性會給孩子帶來嚴重壓力。在心理學中有一個名詞叫做「習得性失助」。對老鼠隨機施予電擊，經過一段時間後，老鼠就會完全不動，連逃都不想逃。

那麼，被打的妻子為何不逃跑？因為持續遭受這種不知道何時會出現的暴力，使得她們無法逃跑。人遭受這種完全無法預測的恐怖時，就會動彈不得。有些人會主張這都是妻子不逃跑的錯，而且不只是男性，女性也有這種想法。對於部分的性騷擾行為（來自比自己更有權力的男性），也有人主張沒有大喊或逃跑的女性也有問題，這都是因為他們不瞭解被害者心理狀態的緣故。

父親的惡言相向、暴力行為，並非只針對妻子，也會針對孩子，有時還會破壞家中物品，完全就是一種暴力。這些暴力行為，都是因為徵收稅金，而且還在電視廣告大肆推薦的「好東西」——酒所引起的。因此，我認為我們在欣賞酒類廣告時，也必須更加認真思考這個問題。

第二重打擊是母親的共依存

總是待在酒精成癮症患者的父親身旁，那個不幸又痛苦的人，就是自己的母親。即使下定決心拜託母親：「離開這種過分的男人吧！」母親也只是回應：「在你二十歲之前，我還無法和他分開。」等自己真的滿二十歲，母親又說：「我已經這個年紀了，事到如今……」而不和父親分手。

父親在五十二歲時，因為酗酒性肝病過世（酒精成癮症患者的平均壽命為五十二歲）。雖然心裡覺得「這樣一來母親就能幸福了……」卻依舊沒有發生任何改變。母親開始擔心其他問題，從「你為什麼不結婚？」到「姪子的小孩因為生病……」等等，母親的痛苦永無止境，一直處於不幸的狀態，始終無法幸福。而孩子只能滿足母親的期待，持續支持母親，但這種情況永遠都不會結束。不論再怎麼支持母親，都沒有「到此即可」的時候。對AC而言，母親的共依存是一直折磨自己、永無止境的苦惱。

和母親的情況相比，父親的暴力、惡言相向算是相當顯而易見，所以別人很容易瞭解這種痛苦，自己也容易整理並忘卻這些情況。

讓人意外的是，通常和母親的關係往往比和父親的關係更令AC痛苦。

第三重打擊是父母的關係

在酒精成癮症患者的家庭中，孩子每天都會看到父母間的互動。當孩子看到父親毆打母親，會覺得很無力。

這是一種「自己什麼也不能做」的感覺，以及一種伴隨著無法拯救母親的罪惡感與痛苦。有些人認為，「親眼目睹父母間的暴力」也應該列入虐待兒童的項目之一。

我想起之前參加虐待兒童的研討會時所看到的幻燈片。那件事發生在美國，是一張母親被父親打到昏迷，五歲小孩打電話報警後的照片。孩子面對鏡頭的眼神，只能用「呆滯」來形容。我無法忘記那睜得好大、沒有一絲活力的眼神。

因此，即使不是直接毆打孩子，只是讓孩子親眼目睹父母之間的暴力，也可說是一種虐待，也會對孩子造成傷害。

酒精成癮症患者的家庭，隨時籠罩在父母不和的氣氛下，孩子經常會目睹這種情形，父母間的這種關係就好像空氣一樣隨時隨地存在於自己的成長過程中。

ＡＣ是在三種情況下長大成人：承受父親三不五時的惡言相向、暴力行為；承受著母親共依存的支配；在支持母親的過程中，發現自己在家庭中的存在價值，而且每天目睹父母間支配和被支配的暴力關係。

從這點來看，我們必須說，酒精成癮症患者的家庭是最不適合人類成長的環境。說得更具體一點，也就是「完全不是人類能夠成長的環境」。

「不是我的錯」

為什麼成年兒童（ＡＣ）會成為一個特殊群體？

或許是因為在酒精成癮症患者家庭長大的人，沒有想過長大成人後，自己的痛苦會和那個酗酒、像人渣一樣的父親的行為有關，他們在某個時期之前，都一直否定這個事實。抱持著「即使生在這種家庭，我還是堅強活了下來，成為一個很厲害的人」這種想法長大，但是一離開原生家庭，就會出現一些問題。

在這種時候，要承認自己目前遇到的痛苦是與自己成長的家庭、想用橡皮擦除去履歷表上父親的存在，是令人非常難以接受的。

雖然覺得「我努力活了下來」，但不論走到哪裡，人際關係都不順利，所以一直換工作。雖然有自己的家庭，但在那個家庭裡，還是做著和原生家庭一樣的行為。對小孩做的事，就跟那個討厭的母親對自己所做的事一樣。

這到底是怎麼一回事？自己也完全搞不清楚。當人們不管怎麼想都無法理解，就會整理出「都是我的錯」的想法。只要認為「全都是我的錯」，就可以大致釐清事情。然而，認為都是自己的錯時，會覺得很痛苦，所以會去書店的心理學櫃位，買一些「讓自己放鬆的方法」之類的學習書籍，嘗試各種做法。雖然試了自律訓練法或呼吸法，但還是無法讓心情舒坦。剛好在這個時候，偶然在書店看到一本有關AC的書籍，翻閱書中有關AC的案例時，心想著「這不就是我的情況嗎？」當我們選擇一本書，就像那本書在呼喚自己一樣，有時就是會出現這種神奇的巧合。

這到底是怎麼一回事？在這一節中，我們將詳細討論這個問題。

認為「這不就是我的情況嗎？」並不是痛苦的表現，而是長年以來的疑問在一瞬間解開，心情變得非常舒坦。

也就是說，過往的感覺就像是房間的東西又多又雜亂，不知道該把東西放在哪裡時，覺得「我真是不擅長整理啊，房間竟然這麼髒亂」，完全不知道自己現在的痛苦到底為何而來？只有這種感覺是明確的。

既沒有生病，也沒有什麼依存症，更沒有對父母施暴，在家裡也是個乖孩子，甚至還有一份不錯的工作。心想「這到底是怎麼一回事？」的時候，「成年兒童（ＡＣ）」這個名詞給了自己某些提示。而這個提示到底是什麼？

首先，第一件事情就是發現「不是我的錯」「我沒有責任」。這種情況可以稱為「免責性」。

日本人最喜歡用的詞彙就是「性格」。只要把所有事情都歸咎於性格，就可以得到結論。把不瞭解的東西歸咎於性格，就好像把衣服「砰」一聲丟進全自動洗衣機，就能自動脫水一樣。

但是，如果全都「歸咎於性格」，而性格其實就是自己，所以是自己的錯嗎？就算歸咎於性格，還是無法理解，於是開始反省自己，結果更加認為是自己的錯。這就好像章魚吃自己的腳一樣，只會讓自己越來越痛苦。

在這種時候，從「成年兒童」這個關鍵字得到的某些提示，就是「不是我的錯」。也就是說，發現自己是在承受三重打擊的嚴酷家庭中成長的情況，是造成自己現在活得很痛苦的原因。

自己出生在這個世界，身為那種父母的小孩，在那麼殘酷的家庭長大，對於這些事情，自己完全「沒有責任」。相反的，在別人眼中，自己的人生毫無問題，而且一直支持父母，也就是說，自己扮演著「父母的父母」的角色，所以應該可以獲得稱讚。

出生在這個家庭，原本就不是自己所選擇的。對於和父母的關係，只有支持父母、當個「乖孩子」這個生存方法。因為如果不這麼做，將只剩下生病或做出不當行為這兩條路可以走。

於是，在不知不覺中學到的感受方式和人際關係的應對模式，會於長大成人後讓自己活得很痛苦。這並非自己的責任，因為只有這種生存方式，所以也無須自責。

舉例來說，在叢林中，如果隨時可能會遭受猛獸攻擊，對周遭事物就會繃緊神經，在這種環境下長大的人，即使移居到都市，也會繃緊神經面對周遭人事物，無法結交朋友……出現諸如此類的情況。這是當事人的錯嗎？總之，我們必須告訴對方：「你沒有責任！」

由此可以瞭解一件事，AC這個名詞具備的「免責性」，能引起許多人的共鳴，讓他們心情變輕鬆，也能瞭解自己活得很痛苦的起因，讓心情變舒坦。每個人都希望聽到「你沒有錯」更甚於「你錯在……」

源自自己的感覺・主觀

即使已經認為「我沒有錯」，接下來可能還會產生「事實到底是怎樣？是我多慮了嗎？」或是「以客觀角度來看，父母是很出色的人。是不是我的感受有問題？」這些疑問，懷疑自己的感覺是否正確。

但是AC是一種自覺，是自己決定的。所以「我就是這樣！」的感覺最重要。

長期以來，我們一直抱持著「客觀的事物才是事實」這種成見。就算腳再怎麼痛，只要接受客觀檢查查不出原因，就會自我否定，認為是自己想太多。但是對我們而言，疼痛的感覺是真實的，不應該去否定這種感覺，而要肯定「腳很痛！」的感覺。

AC活得很痛苦的感覺，就跟這種情況一樣，需要大家去肯定，不需要客觀的證明。因為一個人的感覺・感受方式，只有當事人才知道。

「事實到底是怎樣？」這句話也和客觀的證明一樣，否定了我們的感受方式。世界上真的存在那種超越我們感受的事實嗎？即使真的有這種東西，那也只是否定我們感受的東西吧。

大多數人並不會因為這種「事實」或「客觀」的詞彙，讓自己變得更輕鬆，反而是更加痛苦。有些年輕女性經常被要求「要客觀一點」，以致於她們在哭泣或生氣時，甚至會產生罪惡感。

AC這個名詞就是源自自己的感覺・主觀，我們必須肯定這種感覺。

肯定自我

有人會產生疑問——所以「感覺・主觀就是全部嗎？」這樣是不是太自以為是了？在此思考一下我們是如何介紹自己的？

「我在○○年出生於○○縣。從○○小學畢業，之後進入○○大學……」這種客觀的自我介紹中，並沒有說明任何事。將自己成長過程的「故事」，利用主觀構成的故事來說明客觀事實，才能說明「我」，才能透過這樣的故事介紹自己的為人。

故事是由記憶構成的。也就是結合記憶，把記憶變成故事，組成「我的故事」。

我們從出生後，就活在「1秒×60×60×24×365……」這些秒數中，累積著相對應的體驗，但是記憶只擷取其中一部分。多數的體驗就像沙子一樣，從我們手中溜走，只剩下某些點，以記憶構成我們的故事。但是為什麼記憶會擷取那些點？例如，如果有十顆圍棋，可以用五顆來構成故事，或用十顆來構成故事。如果有黑白兩色的棋子，可以採取黑白各半，或是只用白棋構成故事。這裡面存在著各種不同的變化。

但是當時為什麼會用十顆黑色圍棋來構成故事？關於這點，我們已經慢慢理解原因。舉例來說，我們遭遇那些非常痛苦的經驗和巨大打擊時，這些事情也會成為創傷記憶，永遠鮮明地留在我們的腦海裡。

也就是說，每個人所擁有的各種「我的故事」，都是記憶由眾多體驗中擷取一小部分建構而成的，自己則藉由這個故事生存下來。這個故事就是我現在活著這件事。

既然如此，覺得自己活得很痛苦，就表示這個故事不適合自己。這跟明明很胖，卻還要勉強穿上七號的衣服一樣，其實只要換穿十一號的衣服，就會比較輕鬆。

因此，如果覺得自己很痛苦，就必須創造一個讓自己更容易生存、活得更輕鬆的故事。察覺到自己是AC，就可能改變「自己的故事」。

這個故事已經超越好、壞的批判。我們現在沒有自殺，還活在這個世界上，就是必須被肯定的事。所以如果要肯定自己，只要試著改變故事即可。

就像ＡＣ的父親，那些酒精成癮症患者在不斷敘述「自己故事」的過程中慢慢恢復一樣，ＡＣ本身也可以在敘述「自己故事」的過程中恢復。但是相對於父親的「我和酒的故事」，ＡＣ則是「我和父母的故事」，兩者之間存在極大差異……。

「我的故事」的改變，在精神療法中稱為「敘事治療（Narrative Therapy）」。雖然算是專業用語，但重點在於「我就是我的故事」。

談論自己的內容改變時，自己也會跟著改變

我從酒精成癮症、藥物成癮症患者的恢復過程中，瞭解到談論自己的內容改變時，自己也會跟著改變。

不論住在多麼豪華的醫院，接受周全治療，要戒酒的人就是無法戒酒。

然而，有相同酗酒問題的一群人，或深受相同藥物苦惱的人若是聚集在一起，參加自助團體輔導，談論自己的事情，如果想聽別人的故事，就傾聽對方說話，只要每天重複這些事情，就能夠慢慢戒酒。

這到底是怎麼一回事？

我長期參與酒精成癮症的治療，在各種場合傾聽酒精成癮症患者談論自己的體驗。也曾經聽到同一個人多次發表自己的體驗，但內容卻不同。「這個人一年前明明是那樣說的，今天卻說出這種話。」

我曾經認為那些內容改變的情況，是因為對方「之前說謊」。但是，現在我知道事實並非如此。

也就是說，人談論自己的事情時，如果內容改變了，自己也會跟著改變。內容改變，自己就會跟著改變，同樣的，自己發生改變時，談論自己的內容也會跟著改變。因此，若談論自己的事情時，內容不斷發生改變，就是自己的改變，也代表著恢復。

從體驗中學習到的東西，和敘事治療中所說的「我就是我的故事」是完全一致的。酒精成癮症等成癮的世界，為我們這些專家帶來許多發現，就像是「寶山」一樣。

心理創傷和成年兒童的關係

英文「psychological trauma」翻成中文就是「心理創傷」的意思。心理創傷和AC

之間存在著怎樣的關係？這點是我們必須釐清的。

最近，在日本精神醫學和臨床心理學中，「心理創傷」引起了不小的話題。阪神大地震之後，「心理創傷」這個名詞在媒體的廣泛宣傳下，成為大家注目的焦點。在美國，「心理創傷」這個名詞成為社會話題，無疑是在越戰之後。那些參加越戰的軍人，經歷了各種悲慘狀況，有些人還因此失去雙腿，然而他們本人對這一切完全沒有任何責任。

因為國家的命令，有許多人在自己沒有任何責任的情況下，遭遇無比的痛苦時，國家就必須伸出援手。參加越戰的人們，因為出現越戰的情景再現（記憶復甦重現眼前）現象而飽受折磨，這種情況被視為是戰爭所引起的心理創傷，因此，這個痛苦的理由和痛苦就被視為正常現象，以證明「自己沒有任何責任」。另一方面，國家也以「心理創傷」為理由，巧妙地免除責任。

也就是說，在那些參加越戰的退伍軍人身上，現在還有許多令他們痛苦的精神症狀，而這些症狀只能診斷為心理創傷的後遺症。因為如果不這樣解釋，就無法令那些將親人送上戰場的家屬認同，而且美國的根基也會動搖。我認為在某種意義上來說，心理創傷是扮演著國家救濟者的角色而產生的概念。

阪神大地震也是如此。

我們經常可以在報紙上看到PTSD（Post-traumatic stress disorder＝創傷後壓力症候群）這個名詞，強調地震所造成的傷害，不只是肉眼看得到的東西，也對我們的內心造成傷害。

心理創傷這個概念的最大特徵就是「免責性」。何謂「免責性」？那就是當事人沒有任何責任。

這和AC的情況完全相同。如前所述，AC在承受著三重打擊的家庭中會先選擇存活下來，這是因為他們沒有其他選擇。如果有，也是死亡、發瘋或是生病。他們沒有出現其中任何一種情況，而是支持家人，在那種家庭中適應長大，想辦法活下來。雖然在原生家庭中會出現十分適應、支持家人的行為，但一旦離開原生家庭，就會出現無法適應的悲劇。過去，我們一直認為這種悲劇是當事人的問題，是當事人的性格所造成。

我認為「完全不是這樣」。告訴AC「你的痛苦並非你的責任」，和心理創傷帶有的某種免責性「你沒有任何責任」，其實是一樣的。對於那些任何事都向自己尋求原因、不斷自責的人來說，這種免責性能讓他們感到救贖，使他們變輕鬆。

但是，AC和心理創傷雖然有重疊的部分，卻是完全不同次元的詞彙。就好像高速公路在空中上下立體交叉一樣。

因為心理創傷充其量只是「心靈的創傷」，是以客觀實體為依據的精神醫學用語，這種情況要進行「治療」，而且焦點會轉移到如何處理這種「心靈的創傷」。但是ＡＣ不是疾病，所以並非醫學用語。ＡＣ是以當事人的主觀為依據，以及和周圍關係衍生出來的名詞。這就是兩者間決定性的差異。

ＡＣ是自我認定的名詞，而心理創傷是以「精神醫學的實體」為前提的「心靈的創傷」。當然在ＡＣ中，也有人曾經有過心靈創傷，而且也有人深受ＰＴＳＤ的折磨。

日本專家對於心理創傷這個說法尚未取得共識，可說是難以解釋。有人認為因為「太容易理解」，能夠說明所有情況，所以「太隨便的決定論」反而是一種危險。

今後，隨著大腦研究的發展，多少能夠說明心理創傷的問題。從這一點來看，「心理創傷」這個說法在日本還處於發展中的階段。

我不是精神科醫師，只是從事醫療外圍的工作，所以我盡量避免從「疾病」「病理」的觀點來進行討論。從我的工作角度來看，「心理創傷」這個名詞就像無敵萬能的詞彙一樣，會讓人消化不良，所以會謹慎使用。

我總覺得，只要將「心理創傷」視為「不再處理的記憶」，就能理解這種情況。和隨著時間風化、變成無害物質的記憶不同，心理創傷永遠歷歷在目，是一想起時，就會令人呼吸困難的記憶。這是腦中的記憶更新功能如凍結般停止運轉所引起的。目前，我是將心理創傷視為某種特殊記憶的狀態。

說「治癒」，很「卑鄙」

有一個和「心理創傷」配成一組的詞彙——治癒。我不喜歡使用這個詞彙。

傷口原本就會自然癒合，所以有「慢慢癒合」的說法。文學上也會使用「心靈的傷口終於癒合」這種表達方式。但是不知道從何時起，大家開始使用「治癒」「被治癒」這種說法。「治癒」成為一個獨立的詞彙，廣泛出現在日常生活中。

我們什麼時候需要使用「治癒」一詞？為什麼大家會人云亦云地使用這個詞彙，使得這個詞彙慢慢普遍起來？

或許是因為社會陷入僵局，每個人都累到說不出話來，感受到一股深深的無力感。以前只要透過「努力」「毅力」就能解決，但是，當我們面對束手無策的局面，人會變得被動，希望「有人」能夠拯救自己。

但是人們不知道誰可以拯救自己。大家常說日本人沒有「神」的概念，所以這個對象可能是大自然或整個社會。總之，就是渴望「有人」來治癒「某些事情」。

從主動的「癒合」轉變成被動的「治癒」，在完全不知道是由誰來治癒？要治癒什麼的狀態下，「治癒」變成一個獨立的詞彙……這是一個沒有主語的詞彙，而共依存的人也沒有主語的概念。在他們的人生中，「我」這個字被藏在某處。如果比較這兩個詞彙，「治癒」和「共依存」的共通點就是，兩者都是缺乏主語的詞彙。

此外，「治癒」是極具自閉感的詞彙，而且是自我了結的詞彙。這個詞彙是最終在「這是最後一句話」或「無法使用其他說法」時，所使用的詞彙。我認為「接觸大自然是一種治癒的體驗」或是「治癒的工作」這些文案說法，是對語言的一種褻瀆，令人作噁。

像這種輕易的救贖，對我們來說也是一種危險。而被「治癒」吸引，使用這種詞彙也是一種「卑鄙」的行為。

活命的技巧

成年兒童為了在痛苦的現實、嚴酷的經驗中存活下來，學習了幾種技巧。現在我們來具體看一下這些技巧。

〔疏離感〕

如果出現一些會令自己想起過往深刻衝擊的景況時，自己會消除現實的感覺。這是一種彷彿活在這個世界上，又好像沒有活在這個世界上的感覺。

也就是說，這個世界上充滿了痛苦，若完全沉浸在這個痛苦中，自己會死掉、發瘋，或生病，為了生存下來，就學會這種自己好像沒有活在現實中的感覺。即使眼前有人說話，也感受不到和現實的關聯。是一種總是隔著透明薄膜和他人接觸的感覺。

〔否認〕

這是在酒精成癮症患者的家庭中經常看到的情況，把發生過的事情當沒發生過。在科幻小說或推理小說中經常出現這種場景，在殺人現場胸口遇刺流血的人，二十分鐘後就消失得無影無蹤，令人懷疑這難道是白日夢嗎？但是，在酒精成癮症患者的家庭中，這種情形可說是家常便飯。

舉例來說，父親喝醉用腳踢母親，孩子在隔壁房間一邊發抖一邊聆聽時，孩子會認為，在這種狀態下，自己絕對不能去睡覺，心裡想著，若母親發出「嗚嗚」的痛苦呻吟時，自己沒有出去救人，這個家庭就會崩壞解體，結果想著想著就睡著了。

而隔天早上所發生的事情就是問題所在。要裝成家裡好像什麼事都沒有發生一樣。母親一如往常地烤早餐的土司，父親出門去上班。這種裝作什麼事都沒有發生的技巧，就是「否認」。

與其說這是孩子學會的技巧，不如說這是父母每天在做的事，但是這會使孩子非常混亂。覺得這到底是怎麼一回事？是夢境？還是自己的感覺出了錯……。而父母對這種情況也不做任何解釋。昨晚發生的事情，和今天早上自己起床後看到的情景是不連貫的，可說是非連續的。自己腦海中的情況是矛盾的。

這種非連續性，對維持心理健康是有害的。夫妻吵架時，父母有義務跟孩子說明吵架的來龍去脈，像是「這樣那樣，然後這樣之後我們和好了」，孩子才能瞭解事情發生的過程，獲得連續性和一致性。

如果父母沒有這樣做，只是不斷否認，孩子為了適應這種情況，就會陷入同樣的否認循環，把發生過的事當作沒發生過。

〔心理的麻痺狀態〕

我曾經認為，現在的年輕人在追尋一種心理的麻痺狀態。在無數的情報，以及被拘束在像細網一樣密布的偏差值*1中，要如何存活下去？我總覺得他們是建構出一種好像什麼感覺也沒有的麻痺狀態。因為如果沒有麻痺，就會產生「根本活不下去」的想法。若一直重複聆聽Rap系或小室哲哉那種相似旋律的音樂，聽者的感覺會漸漸麻痺。聽著這種麻痺系音樂、不斷重複的相似歌詞，以及幾近異常的高音，總覺得腦中會產生麻痺、陶醉的物質。所以，我認為Rap的興盛，是因為陷入心理的麻痺狀態後，人們就能熬過現實生活的苦難所致。

〔變成透明人〕

在神戶少年事件*2的「第二份挑戰書」中，「我是透明的存在」這個章節相當有名。我不知道這是否是一樣的情況，但好像有很多人都有變成透明人的感覺。即便發生痛苦的事情，只要打開窗戶讓風吹進來，變成透明人的自己內心的痛苦，好像就會「咻」一下地飛散，就能熬過痛苦的現實狀態。

當父母一開始吵架，有些人會覺得「啊！又來了。那就變成透明人吧！」藉此擺脫痛苦的現實。有些高中生則是每天去無聊的學校上課，在課堂上看著黑板，讓自己變成透明人。

這也是熬過現實的一種方式。在這種情況下，我們為了避免死掉、發瘋，或生病，只能利用這種方法來適應現實，存活下去，於是就創造出這種獨特的感覺。

〔天然呆〕

有一個名詞叫做「天然呆」。現在電視上最受歡迎的，就是那些講話離題、回應時前言不搭後語的藝人。年輕藝人或中年大嬸利用一些偏離主題的發言，令觀眾捧腹大笑，這也為我們示範了要存活在眼前現實生活中的技巧。只要按照這種做法，我們就能一邊逗大家開心，一邊存活下去。所以現在的年輕人從電視上學會這種天然呆的技巧，打算以天然呆的方式完全偏離正軌，熬過現實生活。

如果不這樣做，而是直接面對現實，會像車子逕自往前，最後「砰」一聲撞到牆壁一樣，發生各種令人困擾的問題。所以年輕人覺得不需要去追求厲害的生存方式，一邊裝傻、偏離正軌逗大家開心，一邊撐下去才最重要。

＊註 1：偏差值，個人成績偏離團體平均分數的數值，數值越高表示學生程度越好。是日本評價學生學習能力的一種標準。

＊註 2：神戶少年事件，一九九七年發生在日本兵庫縣神戶市的一宗少年連續殺人案件。犯人是年僅十四歲的少年，被害者皆為小學生。

〔虛擬現實〕

我們為了在嚴苛的現實中活下來，自己創造出好幾種方法，而學會這些事物的感覺，和受到虛擬現實（Virtual Reality）吸引的感覺是很相似的。

「虛擬現實」原本是指在核能發電廠之類的地方，操作原子爐時，人在一側，而機器人則在另一側進行實際操作，也就是說，我們是創造出虛擬的現實，來控制現實中無法解決的問題。後來因為投入動畫或電玩世界的人越來越多，使得這個詞彙漸漸成為一個流行語。

《新世紀福音戰士》這部動畫吸引了許多狂熱的粉絲。他們對這種動畫或漫畫中的世界懷抱現實感，認為人本就是活在那種世界中的。或許藝術本身就是為此而誕生，是為了使我們在嚴苛的現實中存活下來所創造出來的東西。

但是，這些年輕人的狂熱程度，遠遠超過我們的想像，彷彿虛擬世界就是他們的現實。年輕人覺得現實世界沒有自己的容身之處，自己只能活在這種虛擬世界中。我認為其受歡迎的秘密，就是「透過動畫的虛擬世界存活在現實中」。這證明了年輕人眼中的現實，有某些超乎我們想像的東西。

採訪藥物成癮症的媒體人曾經說過：「總之，這些人就是利用藥物逃避吧。」但是我不想使用「逃避」這個字眼。無論是藥物成癮症還是酒精成癮症的患者，他們都沒有逃避。

我認為不論是哪一種成癮，都一定有積極的意義。就像我們肯定ＡＣ的人能夠存活下來一樣，成癮症患者就是藉由成癮症活下來，所以成癮並非逃避。

因此，這些人之所以會被虛擬世界吸引，是因為如果沒有這些東西，他們將無法活下去。這並不是逃避，不如說，如果不把自己寄託到虛擬世界中，就無法生存，這樣的現實到底是怎麼一回事？我認為必須轉換成這種觀點。

我認為現在二十五歲以下的人，不，還可以包含三十歲以下的人在內，這些年輕人身處的現實，講明白點，是非常難以生存的。但創造虛擬世界並不是要逃避現實。

那些自認為是成年兒童的人讓我們瞭解一件事，之所以有許多人喜歡天文學、喜歡少女漫畫、喜歡科幻，或是喜歡恐龍，是因為他們透過活在另一個現實世界，來讓自己活下去。

然而，即使進入虛擬世界，我們還是必須回到現實，必須去上廁所、洗澡，也必須吃飯。

當回到現實，如果覺得痛苦或有不協調感，或許就代表還是必須改變某些東西。也就是說，要如何在現實和虛擬世界之間搭建橋樑？雖然可以一隻腳站在虛擬世界中，但另一隻腳還是要站在現實中，要如何保持這種平衡，就是問題的關鍵所在。

日本特有的共依存支配

前面提到三重打擊中的第一個打擊，是來自父親的暴力——這是一種明確的、肉眼可見的暴力。

第二個打擊則是來自看起來溫柔又善良的母親，她們熱衷教育，忍耐父親的惡言相向，有時很脆弱，有時又很強大，和這種母親之間的關係也令人感到痛苦。這種情況就是「共依存的支配」。

共依存的支配到底是怎麼一回事？

這個共依存的支配問題其實也是AC，但是和ACOD（Adult Children of Dysfunctional Family 在機能不健全家庭長大的人）的問題有很大的關聯。我不打算細分AC，也不認為ACOA，也就是父親是酒精成癮症患者的成年兒童（AC），和ACOD有什麼本質上的差異。但是這兩者的父親形象是完全不同的。

被稱為ＡＣＯＤ的人，他們心中的父親形象很淡薄。ＡＣＯＡ的父親會在家裡喝酒。家裡有喝剩的酒瓶，而且有酒味，如果還出現嘔吐或失禁的情況，就會留下明顯的證據。但是，那些賭博成癮症患者，或是女性關係不斷的父親卻不會留下任何證據。因為賭博是在外面進行，家裡頂多只會聽到母親怒罵質問：「你是不是領了銀行的錢？」在家裡只有標榜正義的母親和說著「對不起。」的父親而已。

進一步而言，工作狂（工作成癮症）的父親在家裡幾乎沒有任何存在感。只是偶爾展示父權，說出：「你是靠誰吃飯的？」這種話。所以對ＡＣＯＤ的人來說，母親的形象非常強大，這就是其中差異。

此外，ＡＣＯＤ的痛苦是缺乏明確的「就是這種心理創傷」的痛苦。這種痛苦很難向別人說明，讓對方理解。但是，「ＡＣ」一詞之所以這麼廣泛應用，或許就如同ＡＣＯＤ的情況，雖然父親的形象很淡薄，但母親卻以極為強大的存在感拘束孩子，這種痛苦令很多人覺得「這就是我」。

我要再重申一次，我絕對不是要區分ＡＣＯＡ和ＡＣＯＤ。我不希望大家採取「你是ＡＣＯＡ，我是ＡＣＯＤ」這種區分方式。兩者的差異只是父親存在感的薄弱，無法說哪一個好或哪一個不好。

但是，我認為令自己痛苦的事物，還是容易分辨的比較好，而ＡＣＯＡ是比較容易分辨的。因為像「父親喝了那麼多酒」或是「有好幾十隻酒瓶」這些都很有現實感，然而如果父親是工作狂，在現實中根本沒有任何肉眼可見的證據。賭博成癮症也一樣，一般要賭博會去賭場，不會在家裡賭。由於沒有留下任何痕跡，ACOD的痛苦或許有些是讓人稍微難以分辨的部分。

所以，即使ACOD來參加AC團體輔導，也會說出：「這是因為我太任性吧」「這樣的我算是AC吧」或是「聽到那麼悲慘的故事，我的情況根本沒什麼，這樣加入大家應該很不好意思吧」這些話。

AC是一種自我認知，對於總是在意他人看法的人而言，沒有肉眼可見的東西、無法得到他人認同是非常痛苦的。

然而，ACOD的痛苦代表著現代多數年輕人的痛苦。為什麼在外人眼中「好爸爸、好媽媽、好孩子」的模範家庭中長大的孩子會覺得很痛苦？這個問題的答案正是ACOD的痛苦。

這個情況明顯呈現出日本社會特有的共依存的支配所造成的痛苦。

而且「機能不健全」這個名詞也和AC一樣，是主觀的詞彙。只要認為「沒有充分發揮機能」，就是機能不健全。即使是看起來很普通的家庭，只要在這種家庭長大的孩子認為「我們家不是正常的家庭吧」「我很討厭這個家」，那就是機能不健全的家庭。

所以能夠察覺自己是ＡＣ，是因為「機能不健全」一詞的關係而大量增加。因為每個家庭都有某些機能不健全的問題，但是，所有人都是ＡＣ的這種「擴散」，最後卻是變成什麼都沒說清楚。所以為了預防這種「擴散」，有些人會將ＡＣＯＤ定義為家中除酒精成癮症，還有其他成癮症的「依存症的父母」，在這樣家庭中長大成人的孩子。

「公司控制丈夫、丈夫控制妻子」的支配連鎖

前面提到三重打擊中的第二個打擊——非常溫柔又很可憐，總是為了孩子著想的母親，或是非常能幹、熱衷教育的母親對孩子進行的支配，全部都可以歸類為「共依存」。我認為在某種意義上，「共依存」是非常好用的詞彙。當ＡＣ能夠「重新創造我的故事」，我們就能果斷地將共依存這種好像被委婉責難、像被人整個從身後壓住般、無法區分自己和他人的「自他未分化」的關係，稱為「支配」。

由於可能會引起一些誤解，所以我要事先說明，這並不是在指責女性的意思。日本的家庭，尤其在酒精成癮症患者的家庭中，父親沒有善盡責任，像個孩子一樣，不斷做出無理的支配行為，所以母親為了維護家庭的完整，必須進行共依存的支配。因此，我

認為要是肯定AC只能這樣活下來，也應該肯定共依存的人只能用這種方式生存。

一開始我一直認為共依存只是女性的問題，因為酒精成癮症患者的妻子一定是女性。但是觀察日本企業後，我發現男性與男性之間也會有同樣的情事。雖然表面上難以察覺，但如果仔細觀察，就會知道日本企業的人事管理全都是共依存的支配。只是酒精成癮症患者是在家裡胡亂打人、施行暴力支配，所以容易察覺這種情況。

例如，公司準備裁員，或上司拍拍老員工的肩膀，將對方「調職」到子公司時，絕對不會明確告知，而是委婉開口：「這是為了你著想。」當員工處於進退兩難的狀態，聽到這句「這是為了你著想」，就不得不往那條路前進。像這種盡量避免受到對方憎恨，巧妙掌控對方的支配，其實並非只發生在女性身上，可以說整個日本社會都是這種情況。

如果稱呼這種「支配」為「控制」，會產生一種控制社會整體的連鎖現象，公司控制父親、父親控制母親，而孩子則處於這種控制結構的末端。所以，我希望大家絕對不要認為只有女性會做出共依存。

「理解」或「建議」也是一種支配

何謂「共依存的支配」？這當中包含了「理解」「期待」以及「建議」。不論是「理解」「期待」或「建議」，在日本都屬於正面詞彙。例如我們常說「缺乏理解無法建立友情」或是「父母如果對孩子沒有期待，孩子就會很沒用」，一直把這些視為正面詞彙。然而，對孩子而言，真的是這樣嗎？

在心理輔導的現場，我們能看到承受這種支配的人是多麼痛苦。我認為承受這種支配的人，真的非常痛苦。

法國哲學家米歇爾・傅柯（Michel Foucault）所言，能充分表達出這種痛苦。「我們生活的社會，是將評價或正常化的判斷，拿來取代司法或拷問這些社會制度的重要機構。」

簡單來說，我們不是被關進監獄或接受拷問，而是受到他人的評價或建議，告訴我們：「這才是正常喔。」其實這和拷問或被關進監獄所發揮的功能相同。而我們就活在這種社會中。

傅柯還說：「這是一個一直在承受他人視線的社會。」究竟是誰的視線？其實就是那些審定、評價、支配我們的他人的視線。

這種情況也可以替換成學校。當今的校園中，只要有一個人稍微突出，就會被其他人霸凌，所以大家都保持一樣的水平。

一位在學校一直維持優等生狀態的年輕人這樣說過：「最好的做法就是假裝和大家的水準相同，如果大家都拿九十分，自己也考九十分，然後在最後一次考試時考出一百分。這樣一來，就只有我能成為勝利者，而且也不會被大家霸凌。」在即將到達終點之前，還剩一公尺就是終點時，突然加速衝刺是最好的方法。

利用這種技巧，隨時保持戰戰兢兢的心情去面對他人的視線，才能在這個社會活下去，這種社會是多麼令人痛苦。

「我們生活的社會，將評價或正常化的判斷，用以取代拷問。」這句話的「社會」也可以換成「學校」或「家庭」，而這正是現代孩子普遍所處的環境。

「客觀立場」是「父母的立場」

以家庭為背景的事件中，曾有幾起特殊事件。這些事件已經有許多相關的現場報導，但是我讀完後總會想到一件事，這些家庭的問題到底出在哪裡？

父親不是酒精成癮症患者，母親也沒有外遇問題，是一個正常的家庭，有些母親連公公、婆婆都照顧得很周到，但在這種家庭長大的孩子為什麼會出問題？

思考家庭問題、傾聽當事人意見時，我們是站在誰的立場？站在哪一方的立場，根據這個立場產生的看法會出現決定性的差異。如果站在父母的立場，我甚至會覺得「真是不乖的孩子啊」。但是，若站在孩子的立場來傾聽，確實會跟前面提到的米歇爾・傅柯有相同的感受。這真的是很不可思議的經驗。此外，如果打算站在中立、客觀的立場，最後一定還是會站在父母的立場。

從這個經驗我們可以知道，過往客觀的家庭觀念、子女觀念，全都是站在父母的立場來思考，絕對不是站在孩子的立場。

而且我們所謂的「常識」，也總是站在父母的立場，完全沒有顧慮到孩子的立場。所以要站在孩子的立場、瞭解孩子的觀點，就必須暫時丟掉腦中的常識。

父母自己要得到幸福

為什麼會出現這種痛苦？其中一個原因，或許是父母本身也沒有活出自我。父母生下孩子後，就不得不成為父母。雖說如此，也不是懷孕十個月後，在孩子一生下來的那一瞬間就能成為完美的父母。雖然還是原本的自己，卻不得不成為父母。此時就會出現幾種強迫現象。

雜誌上刊載了許多「必須如此養育孩子」的相關報導。現在有針對養育各種不同年齡層孩子的雜誌，從零歲到一歲、一歲到三歲等各個階段，或是針對知識分子的母親、針對愛看漫畫的母親等等，有很多不同用途的育兒書籍。我曾經看過一本「寫給育兒時有神經質的母親」的育兒書籍，看完差點要抓狂，因為雜誌中的那些內容反而只會創造出育兒神經質的母親。這種雜誌真的很恐怖，父母就算讀了，也絕對無法放輕鬆。

此外，現在的年輕母親應該都有過工作經驗。在我們這個世代，大多數的人在婚前都沒有工作經驗，但現在的女性在結婚後也照常工作。而且令人意外的是，很多人在快接近三十歲時，會因為「雖然是綜合性職務*，但是看不到未來，所以還是結婚好了」這種理由成家。好像也有人只聽到男方就讀的大學名字，就決定要結婚。

如果和一流大學畢業並進入一流企業的人結婚生子，將會非常辛苦，因為孩子的教育從零歲就要開始進行。雖說不是要複習自己走過的人生道路，對自己一路走來的歷程也不是完全滿意，但只有這樣才能令自己感到驕傲，所以會替孩子創造出相同的條件。這樣逼迫孩子，會讓這些孩子面臨的嚴苛狀況，更甚於現在的年輕人。

那麼，父母必須怎麼做？我認為父母要盡量讓自己幸福。所謂的「幸福」，應該是稍微舒適、偶爾陶醉，以及馬虎一點的狀態。就是要隨便一點、舒適一點，雖然偶爾會有煩惱，但是又能陶醉在某件事物中……的生活。

如果真有所謂「難以形容的幸福感」，那或許就是在秋天的傍晚，從某處飄來一陣焚燒落葉的味道時，出現一種「啊～這就是幸福啊」的感覺……總之，必須向周圍散播這種氛圍，尤其必須散播給孩子。

＊註：綜合性職務，日本企業職務分為綜合性職務和一般性職務，綜合性職務沒有限制升遷機會，但是經常調職或外派；而一般性職務則限制升遷機會，原則上沒有調職情況。

常有一種情況是，母親覺得自己很幸福，孩子卻覺得母親很不幸。

「哎呀，我真的很幸福喔。」

「咦？這十年來我一直覺得媽媽很不幸。」

聽到孩子說出這種話，就代表母親散播的幸福還不夠。所以，要把「我很幸福！」的氛圍迅速散播出去，偶爾還要展現誇張的演技。

我很喜歡演技，總覺得日本人有輕視演技的傾向，但是如果必須讓孩子感覺父母很幸福，就要趕快裝出幸福的樣子，即使是已經互相厭倦的夫妻，也要展現演技，玩一下「幸福夫妻」的遊戲。試著讓孩子覺得「這兩個人是在幹嘛？最近很奇怪耶」。展現各種演技，散播幸福的氛圍，或許孩子就能在這種環境中茁壯成長。

家庭不需要正確意見，只要散播幸福！

有些父母一回到家裡，就會要求小孩「遵守規矩」。如果孩子反駁，會指責孩子：「是你不對。」所以孩子沒有其他選擇。

如果父母要求孩子「遵守規矩」，孩子除了順從父母「遵守規矩」，就只能採取家庭內暴力。但是施行暴力，會讓自己更處於劣勢，父親和母親會更成為「正義的化身」。所以，繭居在家是最後的手段。也就是說，除了按照父母所說的去做，孩子無法採取其他選擇。

講明白一點，這是接近拷問的家庭。在這充滿多元價值觀、資訊充足的社會，為什麼還存在著這種單一的價值觀？

正確的家庭、正確的父母，以及不聽從正確父母的意見，會變成壞孩子的家庭構造，這就是年輕人痛苦的根源。

從理論上來說，「共依存的支配」就是缺乏自我的人，要透過照顧別人、呵護別人，引導他人走向正途，來找出自己的存在意義。所以，在這種支配背後，經常存在著「正確意見」。

我常常開玩笑地說，共依存的人「戴著寫有『正確意見』的安全帽」，或許也可以把他們稱為「正確意見軍團」。這種人就是共依存。他們在家裡散播正確意見，而不是幸福。這讓人無法忍受，也令人反感。丈夫不會想跟這種妻子講話。

有人曾經對你說過「反正你說的都對！」這句話嗎？

一開口就只顧著散播正確意見，在孩子面前也扮演理想的母親，家庭以「正確與否」的主軸運轉，這就好像身處某個法院，一直受到審判一樣。

成年兒童或有進食障礙的人，經常得承受這種受審的痛苦。

所以，我認為家庭不應該以「正確與否」為主軸，而要以其他主軸來運轉。

這些人為什麼會緊抓著正確意見不放？因為他們不知道還有其他主軸。其他主軸是什麼？那就是幸福與否、心情的好壞、呼吸是否順暢。但是大家好像有點輕視這些主軸。不知道自己到底幸不幸福，就會緊抓著正確與否的主軸。

孩子的成功都是父母的功勞嗎？

共依存的支配，就像是依附在孩子的人生中，從背後壓著孩子，灌輸孩子「你必須一直努力喔」或是「不要以為這樣就夠了」的想法。這些話會在孩子心中生根發芽，對孩子而言，與其說是生存方針，不如說是自己生命的全部。

也就是說，父母一直描繪著孩子的人生劇本，同時扮演導演和主角，而孩子則扮演忠實的配角。所以，即使孩子走上模範的人生道路，也不會有任何滿足感，不會激發幹勁。

例如兒子考上理想的高中，但這全都會變成是父母的功勞，因為是按照父母意見去做的，所以父母可以輕易搶過功勞。

父母的一句「你很努力耶」，就會讓孩子繼續往前跑。而且父母不會明確表示：「接下來就是考上大學喔。」而是對孩子說：「那間大學是你自己選的。」

父母嘴上說著：「你有在用功嗎？沒關係，反正那是你的人生。」卻又不時意在言外地透露「你要進入那所大學」的想法，進行支配。於是孩子考上大學後，母親又輕易地搶走功勞。也就是說，孩子的成果會變成是父親的成果、母親的成果。

孩子在人生道路上的成果無法回饋到自己身上，全都被父母搶走，在這種榨取結構中，孩子不會產生自己達成目標的成就感，也沒有活出自己人生的真實感受。

在動畫《新世紀福音戰士》中，有一位名叫「碇真嗣」的小男孩，這個孩子忠實演出父親所編寫的劇本。雖然很痛苦，但是他已經決定要駕駛EVA初號機，而且他沒有其他道路可以選擇。為什麼年輕人那麼著迷《新世紀福音戰士》？或許是因為他們和劇中角色有相同感受吧。可能覺得自己和碇真嗣一樣，都是由父母描繪自己的人生劇本、擔任導演的角色。我認為這就是《新世紀福音戰士》蔚為風潮的原因之一。

第4章

擺脫「好爸爸、好媽媽、好孩子」的束縛

察覺自己是成年兒童的三個契機

瞭解成年兒童（ＡＣ）這個名詞的人會來尋求心理輔導。這些人察覺自己是ＡＣ的契機可以分成幾個類型。

第一個類型是讓我深感，「人的閱讀方式有好幾種耶」的類型。他們是被我書中某個章節的某句話吸引而來。其中有人如此說道：「我父母人很好，沒什麼問題。我最喜歡父母了。但是，老師書中的這個章節，是在講我吧。」

其實，他們的問題不是和父母之間的關係，而是和戀人的關係。這些人想跟專家尋求某些援助，卻不知道要去哪裡尋求援助。此時，ＡＣ就成為能接受到援助的契機。

第二個類型以男性居多，他們決定要生小孩，或是小孩出生後，察覺到自己是ＡＣ，便來尋求心理輔導。如果只有自己一個人，或是只有自己和妻子，維持現狀並沒有什麼問題。但是新生命誕生，當自己身為父親將會對孩子產生影響，就覺得還是必須釐清自己從父母身上繼承了哪些東西。

因為他們希望孩子幸福，希望孩子生下來之後，不用承擔任何責任。

「我絕對不要把母親對我做的事情，複製在孩子身上。或許在不知不覺中，心裡也會出現一個和母親完全一樣的自己吧。」一位二十八歲的男性在進行心理輔導時，流下眼淚如此說道。

發現自己即將成為父母時，和父母之間的問題會浮上檯面，察覺到自己是ＡＣ。與女性相比，有較多男性覺得身為父母必須有所覺悟，所以這個類型以男性較為常見。

第三個類型則是長年以來，一直煩惱和父母間關係的人。由於別人可能無法理解這種情況，所以他們一直把痛苦藏在心底。這種關係就像卡在喉嚨的魚刺，總是不時產生刺痛感。他們瞭解ＡＣ這個名詞時，就知道自己可以利用心理輔導來釐清和父母間的關係。我深深覺得，雖然ＡＣ這個名稱引來很多批評，但如果沒有這個名稱，會有很多人無法獲得救贖。

基於這個事實，我認為ＡＣ還是值得被肯定的詞彙，絕對不能視為是病態，或作為批判年輕人的理由。

ＡＣ大部分都努力在社會上過著極為普通的生活。他們沒有生病，家庭也非常和樂。但是這些人感受到某種人生的痛苦，就好像適合自己的衣服是十一號，卻穿著七號衣服。

身上穿著七號衣服，覺得很緊、呼吸困難，心想「應該還有別的衣服」時，剛好透過ＡＣ這個詞彙，重新釐清自己和父母的關係。在自己的故事中好好安排父母的角色，或是移除占據自己人生太多篇幅的父母，或是讓彼此分開。當他們認為這個作業可以讓自己變輕鬆，就會來我的心理輔導中心尋求援助。

認為「是自己的錯」內疚的源頭

為什麼ＡＣ對自己的評價很低？舉例來說，某人突然死掉時，我們一定會思考「他為什麼會死掉？」或「他為什麼必須死掉？」這種問題。對方越是自己深愛的人會越困惑，最後甚至會認為「是不是我的錯？」這是因為人們必須說明這種痛苦的意義或理由才能存活下去，如果無法說明，我們就會發瘋。如果沒有「神」這種超越性的存在，我們很難說明其中的意義，於是最後只能認為「這是我的錯」。

這些人從小就要承受莫名的痛苦，例如自己明明沒有不對，卻因為父母的情緒問題，無緣無故被打、被責罵。這種情形反覆出現時，即使是三歲的小孩，也會以自己的方式認真思考「這到底是怎麼一回事？」進而歸納出「都是自己的錯」這個答案，因為這種解釋才能夠說明一切。

在阪神大地震的避難所中，有一名三歲小孩如此說道：「是不是因為我尿床，才會發生地震呢？」年幼的孩子認為自己大概做錯了什麼，最後想到的理由是尿床。

就連地震發生時，孩子也會出現這種情況，所以那些從小開始，特別是在酒精成癮症患者家庭長大的孩子，一旦承受嚴苛體驗，將會不由自主地認為「是自己的錯」。

如果一直有著「是自己的錯」的內疚感，就會產生「我不應該活在這個世界上」的想法。這是一種根深蒂固的自我否定感，也會因此產生自殺的衝動，希望自己從這個世界上消失。

父母雖然心裡覺得不應該打孩子，但如果不小心打了孩子，至少要在事後跟孩子說：「爸爸打你是因為這種情況。」或是「媽媽打你是因為這種理由，對不起。」要做好後續處理。如果沒有任何後續處理，只當作沒有發生那件事一樣，孩子會不知道該如何面對這種體驗。然後孩子心裡就會認為「是自己的錯」「我不應該活在這個世界上」或是「因為我活在這個世界上，才會發生這種不幸」。

被關進納粹集中營的猶太人，對於集中營的軍官和看守人員，會慢慢產生一種「他們應該愛著我們」的感受，並且對那些人產生感情。

這到底是怎麼一回事？這是因為當人身處孤立無援、絕對封閉的環境中，承受著意義不明的痛苦，為了避免發瘋，必須一股腦地幻想在那痛苦中存在著愛情。這是多麼悲傷、又可怕的事情。

如果把納粹集中營替換成家庭，又會變成什麼情況？對孩子而言，家庭是絕對無法逃離的地方，而且，在封閉的環境下，父母是絕對的。孩子在家庭中承受意義不明的痛苦時，就會跟猶太人一樣，產生「爸爸媽媽是因為很愛我，才會做那種事」的想法。

有些父親不斷對年幼孩子進行性侵害，但孩子卻覺得「因為爸爸很愛我，才會做這種讓我痛苦的事」，所以父親被捕時，孩子也絕對不會說父親的壞話。這不是在袒護父親，而是他們覺得父親是愛自己的。

如果沒有懷抱著「父親是因為愛自己，才對自己做這種事」的神話，這個孩子將無法生存下去。

ＡＣ認為父母的支配是一種愛，這也是他們很難離開父母的原因。人們承受著意義不明的痛苦時，是一件多麼殘酷的事，我希望大家都能明瞭這一點。

推翻自我，呼吸變輕鬆

這個說法或許有點奇怪，但ＡＣ在恢復時，必須「推翻」自我。推翻某些確定的目的，是非常重要的一件事，要試著去懷疑自己之前所認定的「這樣很好」的事物。共依存的人和ＡＣ一直都抱持著信念，非常努力地活著。

這些人遇到瓶頸時，可以試著甩掉過往的成見、努力或信念，就像相撲動作的踢腳拉臂側摔，或以掃堂腿讓對方跌跤的技巧一樣。完全顛倒過來變成相反狀態時，又會產生逆轉，所以要用「稍微推翻」的感覺去進行。

我不認為ＡＣ的恢復有最終目標。因為，這個世界基本上不可能有玫瑰色的人生。成見、堅定的信念，就像是緊張的空氣。充滿這種緊張的空氣，會令人覺得有點可怕。因為，只要「砰」地一彈就會破碎。所以，稍微推翻一下，就能緩和緊張，緩和後空氣會流通，產生氣流。如此一來，我們就能輕鬆呼吸。

所以，盡量不要去追求玫瑰色的人生，要思考「活得稍微輕鬆一點」。

「我覺得只要和媽媽之間的關係有所改變，世界也會跟著改變」這種幹勁十足的想法非常恐怖。因為這種想法往往容易逆轉成「我不行了！」的絕望。

進行心理輔導時，我的基本立場就是這種「稍微推翻」。當推翻的事物累積成「偉大的目標」，就要再度推翻，反覆進行這件事。

有時我們會被稱為「老師」，偶爾聽到這種稱呼我會覺得很開心。雖然利用權威是一種不得不的選擇，但也不能藉由使用權威來產生快感。稍微推翻自己的權威，是最合適的做法。

成為同盟者

接下來將透過四個階段，來說明AC恢復時所進行的心理輔導過程中，必須注意的情況。

我很喜歡「同盟者」這個詞彙。哈佛大學榮譽教授朱蒂斯・赫曼（Judith Herman, M.D.）在《從創傷到復原》（*Trauma and Recovery*）一書中寫道：「我不是治療者，我必須成為同盟者。」讀到這句話時，我覺得非常感動。

也就是說，當我們退一步客觀觀察一個人，將幾乎無法看見「成年兒童（AC）」的痛苦，甚至是「成長於家庭機能不全的成年兒童（ACOD）」的痛苦。這是一個非常有趣的情況。

就好像從遠處看看不清楚，近看就能看得很清楚的「錯覺畫」一樣。捨棄客觀的態度，以「接受這個人所說的一切」的態度去傾聽，就能充分理解這種痛苦。我認為這就是朱蒂斯・赫曼所說的「同盟者」概念。

我完全不認為我們需要糾正ＡＣ，把他們拉回正軌，或是覺得ＡＣ是一種疾病，要給予治療，因為ＡＣ並非疾病。

ＡＣ因為自我認知前來進行心理輔導時，我們會先贊同他們這種行為，告訴他們「太好了！」或是「就是這樣沒錯」。將這種情況稱為「共鳴」，或許有點膚淺，所以很難如此定義，但是我認為「同盟者」這個詞彙非常理想，我們要成為自認為是ＡＣ者的同盟。

我會全盤相信ＡＣ所說的話，因為我覺得即使被騙也無所謂。從傳統專家的角度來看，這種態度可能有點奇怪。還有另外一點，那就是我們要保持好奇的態度，去傾聽對方說話。說話者，也就是自認為是ＡＣ，對於聽者是否仔細聆聽自己講話、是否關心自己，是非常敏感的。

也就是說，因為他們一直覺得自己不對，認為自己只能按照他人的期待活下去，所以對他人的期待十分敏感。即使前來接受心理輔導，也會在心裡想著「不知道這個老師對我有什麼期望？」

即使對方抱持這種想法談論自己的事，我也不會任意解讀對方的話，而是全盤相信。我認為這種態度是必要的，這才是同盟者，這樣的心理輔導中心才是安全的場所。

排除控制的團體輔導

成年兒童（ＡＣ）的團體輔導，是由共享ＡＣ這個概念的人所構成。團體中有這麼多相同的人，也就是說，之前覺得只有自己一直在忍耐，無法和別人談論父母的事情，卻發現其實有這麼多狀況類似的人時，心中會很感動，覺得「真是太好了」或是「真不敢相信」。他們會覺得自己不是一個人而稍微減輕孤立感。

在團體中不會受到任何人的否定。有人會贊同你說的話，覺得「就是你說的那樣」，專家也會給予肯定。

在這種情況下，可以不斷談論自己和父母間的關係。

我平常負責的ＡＣ團體輔導，是以十次為一個課程。在一個課程的最後一次，也就是第十次時，會請每個人談論自己的成長過程。

其他成員會默默聆聽當事人的故事，說完之後，所有人都會拍手鼓掌。第二個課程和第三個課程的最後一次，也是談論自己的成長過程。大家談論的內容絕對不會和之前所說的重複，每次都會改變。我認為這個改變的過程，就代表這個人的恢復情況。

這個改變就是現在的自己活得比較輕鬆。整理自己的成長過程，能肯定現在的自己，讓自己比較輕鬆自在。慢慢整理有關父母的事情，父母所占據的位置就會變空，有時可能也會產生空虛感、寂寞、沮喪，或是無力感。

此外，談論父母的事情時，有人會覺得很生氣，可能還會冒出「這種父母」之類的字眼。會出現生氣、悲傷等情緒，都是很自然的現象。

我們必須避免強迫的行為。所謂的「強迫」，就是控制。對於那些活在父母所控制的劇本（控制劇本）中，覺得非常痛苦的人們，絕對不能採取控制的方式。這是在團體輔導中最需要注意的。

必須把控制減到最低限度。要透過教育改變認知時，需採取控制的方式，但基本上要盡量避免。舉例來說，我們不會使用「哭大聲一點」或是「再悲傷一點」這種說法。這是必須避免的控制。

「感情」必須在不受任何人控制的情況下自然湧現，未必需要哭泣或是叫喊。談論成長過程時，可以流露出所有感情。

參加AC團體輔導的人，絕對不會去控制其他人，我經常為此深受感動，因為這是非常了不起的一件事。對於他人的發言，只會給予肯定，大家在不知不覺中培養出這種默契。這關係或許是因現場氛圍而建立起來的。參加者在受父母控制的痛苦中成長，於是他們下定決心，在團體輔導中避免去控制別人，避免將自己的痛苦反覆加諸在他人身上、帶給他人痛苦。這正是守護這個團體輔導安全性的關鍵所在。

那麼，所謂的「恢復」是什麼意思？那就是對父母的看法變成「算了，就是一個可憐的老人」或是「這個人也會這樣死掉啊」或是「既然住進養老院了，偶爾去探訪一下吧！」

於是，他們就能將父母視為一個普通的老人，父母會變成日常生活中的一小部分。原本在自己心裡很強大的父母會漸漸縮小，變成極小的存在，進而產生「我這樣做，就可以過得很幸福」或是「你是一個老人，即將面臨死亡」的想法。父母可說是成了一種「點綴性的風景」。

也就是說，能在父母的劇本和自己的劇本之間畫出分界點，像高速公路的接點（交會點）一樣，道路從某個接點一下子分為兩條，可以從自己這邊的道路看到對方的道路，能以這種感覺看待父母，就是AC的恢復。

自己和父母之間的痛苦記憶會穿插在變得輕鬆自在的成長過程中，成為人生中的一則故事。發生痛苦的事情，比如失戀時，雖然當下會讓人連飯都吃不下，但是過了三年左右，失戀會變成過往歷史的一個小點。只要覺得「雖然遇到各種痛苦，發生許多事情，但這些都已成為過去的一部分」，也算是AC的一種恢復。

承認成長的痛苦

成年兒童（ＡＣ）是一個引人注目的名詞。這是因為每個人都有孩童時代，每個人在年幼時期都有痛苦記憶。這些經驗會影響現在自己的想法，十分吸引我們的注意，因為它能讓我們擺脫這是天生性格的成見。我認為ＡＣ是能引起所有人注意的名詞。

ＡＣ這個名詞創造了巨大的轉捩點。

也就是正式對「成長的痛苦對孩子很美好」或是「孩子必須活潑開朗」這些成見提出質疑。談論育兒問題時，經常只強調父母的痛苦。但是孩子在被父母養育的過程中，又有多辛苦呢？ＡＣ就可以說明這種情況。

直到最近，人們還是很難公然談論自己的成長過程有多麼痛苦，總要透過各種形式巧妙掩飾，只談論父母很辛苦、孩子開心長大等。所以，ＡＣ這個詞算是公開承認了孩子成長很痛苦。

孩子為什麼會覺得很痛苦？因為他們必須適應和父母間的關係，才能生存下去，而這是一種支配關係。

關於這一點，我認為ＡＣ和女性主義是有關。女性主義不是從男性角度出發的哲學或心理學，而是看似和男性處於相對立場，但其實一直遭受男性壓抑、以女性角度出發的心理學，試圖令以女性角度出發的文學復權。如果說女性主義解讀了男性和女性之間的支配關係，那麼ＡＣ這個名詞就是以孩子角度來看父母，解讀孩子和父母之間的支配關係，是從男性和女性之間的支配・被支配，發展到親子之間的支配・被支配。

也就是說，如果在社會中不斷受到壓抑、虐待的人眼裡所見，其實最能敏銳呈現出實際情況，那麼，ＡＣ所談論的內容，就是最敏銳地刻劃出家庭的樣貌。

斷絕世代連鎖

父母的青春期，對孩子而言應該是一片空白吧。

誠如「代代流傳的戰後史」這句話所說，有些事如果父母沒有告訴孩子，就無法流傳下去。而且透過一代一代地傳述，將能跨越世代。不論孩子是贊同或反駁，父母都有義務告訴孩子，自己在青春期時的想法或作為。我認為我們這個世代的許多人都疏忽了這個義務。

不要將父母對自己做的事複製在孩子身上，而且要告訴孩子自己過往的經驗，這樣至少能斷絕不幸的世代連鎖。

成年兒童（AC）即是斷絕世代連鎖的名詞。

我們常常拿父母對待我們的方式來對待自己的孩子。有人認為這是「心理創傷重現」，其根據就是「我們無法做出自己沒有經歷過的事」或是「我們會重現以前學過的事」。雖然有好幾個論據，不過基本上都是想要斷絕不幸的世代連鎖。

世代連鎖有從父母到子女，再進行到孫子的家庭世代連鎖，也有範圍更大一點的，從昭和（一九二六年）到現在的集體（時代）世代連鎖。

日本在第二次世界大戰中戰敗，給當時帶來重大影響。那個世代的人們將孩子養育成人，而這批孩子又成為年輕世代的父母。以集體（時代）世代連鎖的角度為出發點，對父母的觀點也會改變。舉例來說，對於那些二戰後父母的言行舉止，將能以受到戰敗影響的角度去解讀。

戰敗經驗者的父母給孩子們的影響，是以什麼樣的方式去影響孩子們的孩子？這是我們必須重新審視的問題。父母在戰敗中經歷過什麼？是以何種方式傳承給下一代？這些都對下一代的成長過程造成影響。同樣的，日本團塊世代[*1]又是以什麼方式，將他們在一九七〇年代所經歷的事情傳承給自己的孩子？

一位AC女性曾表示：「父母完全不提學生運動的事，我是從電視上得知『全共鬥[*2]』這個名詞，但是對我們來說，這些是一片空白的。」這就是因為那個世代的人完全不提這些，以空白形式傳承給下一代，而這個空白也成為孩子成長過程中的空白。

在人生中展現演技的意義

改變自己在原生家庭一直重複的模式，對AC和共依存的恢復有非常重要的意義。這個模式包含感受方式以及認知事物的方法，但人際關係的應對模式占比最大。心理劇可以使人察覺自己對人際關係的應對方式，而且也是改變人際關係應對方式最有效的方法。

心理劇是精神科醫師雅各布・莫雷諾（Jacob Levy Moreno，一八八九～一九七四年）創始，在自發、即興表演的相互交流中，進行精神療法。

日本首先引進心理劇的人，是將英文的「psychodrama」翻譯成「心理劇」的外林大作老師和松村康平老師（關係學研究所所長）。松村老師是我研究所時期的恩師，我在松村老師的指導下，長年參加心理劇的研討會進修。心理劇可以作為單純的心理技法，應用在各種方面。但是，心理劇也是一把「雙刃劍」，給人帶來的影響越大，危險性也越大。松村老師嚴格指導我們，進行心理劇時，必須遵守基本倫理，善盡身為專家的責任。我自己對臨床心理工作的基本態度就是源自當時的經驗。

我個人在學習心理劇後，活得比以前更輕鬆自在。不論遇到哪種困擾，我都相信自己一定可以克服。

而且我也從中瞭解一件事，每個人都有存在的必要，每個人都必須有自己適當的存在位置。此外，我也體驗到行動比思考重要的道理，一邊行動一邊思考，就會知道付出行動一點也不可怕，能令我產生勇氣。

扮演眾多角色（孩子、異性、總統）很有趣，也能讓自己變得更自由。

＊註1：團塊世代，指一九四七年到一九四九年之間，日本在第二次世界大戰後出生的第一批嬰兒潮人口。
＊註2：全共鬥，一九六九年的日本學生運動組織，完整名稱為「全學共鬥會議」。

最重要的是，松村老師讓我知道，在人生中展現演技，就是肯定演技的意義。沒有什麼真正的自己，人是一邊展現演技一邊生活，如此展現演技的我就是我自己，這種確信已成為我的基礎。

試著成為期望中的自己

在現實世界中，只要發生過的事就無法抹滅。即使可以取消新幹線的車票，也無法改變買過車票的事實。但是在心理劇中，因為是架空的場景，所以可以重來好幾次。可以將某個事實設定為不曾發生過的場景，活在那個場景中；也可以演出不同性別的角色、外星人的角色。

還可以將場景設定為和丈夫之外的另一名男性結婚，演出和這名男性一起生活的日常情景；也可以扮演丈夫的角色，進行夫妻交談；或是扮演孩子，由別人來扮演父母的角色，進行親子對話。

如果覺得「我講了一句非常討厭的話」，就在那個階段暫停，重新再來一次。實際體驗這些情況後，會覺得非常有趣。

享受其中的樂趣並改變自己的行動，我認為心理劇是非常理想的療法。

我們經常在內心深處萌生「現在的自己真討厭」的想法。例如沮喪時會覺得所有事情都很討厭，但是卻想不出改變的方法。只有「現在的自己真討厭」的想法，是很難做出改變的。

思考、想像「自己想要如何改變」的問題，將那個想像具體化，我們就能朝著那個方向慢慢改變。

心理劇中經常會使用「十年後的我」這種方法，閉眼想像一下十年後自己期望的樣子，在實際場面中表現出來。

一位女性因為煩惱兒子的繭居問題，前來參加共依存的團體輔導，她如此說道：「自己想要變成什麼樣子？我完全沒有想過這種事情。」又繼續說道：「我的生活裡，根本不存在『幸福』這個字眼。」

在參加多次團體輔導的過程中，她和丈夫之間凍結的關係開始慢慢破冰，每次談話時都淚流滿面，而且她的表情也越來越豐富，在我眼中，她越來越有魅力。

後來，她主動提出要參加心理劇。

她在心理劇中演出十年後的自己。那是在人口稀疏的村落從事農務的身影。她和丈夫離婚，每天過著悠閒生活，兒子有時會帶孫子來幫忙農事。「老媽！妳那樣曬太陽會長斑喔！」兒子喊道。這個兒子就是促使她來進行心理輔導的契機，是她正繭居在家的兒子。

在心理劇中，我們可以演出「期望中的自己」。在當下的幸福體驗，會成為改變痛苦現實的力量。

試著成為嶄新的自己

有些人會感嘆著，生了孩子後，明明想要當個溫柔的父母，卻忍不住責罵孩子、對孩子冷淡。孩子向自己撒嬌時，有些人則會緊張不已。有些人跟孩子說話時，會使用「你給我去做~」或是「不可以做~」這種控制說法。

這些人經常以這是個性使然為理由，放棄面對這樣的自己。此時，可以試著參加心理劇，扮演「溫柔的母親」「不控制孩子的母親」或是「溺愛孩子的父親」等角色。

扮演孩子角色的人說出：「妳是個溫柔的母親」這種感想時，就表示自己也可以扮演溫柔的父母。在那個場景中，自己就是「溫柔的父母」。將這個體驗化為自信和能量，在多次扮演這種角色的過程中，自己在現實裡的言行舉止也會慢慢跟著改變。捨棄

「必須改變自己的內在，才能改變行動」的成見，才會過得比較輕鬆。

不必考慮「要先改變想法？還是要先改變行動？」這種問題，而是去思考如何兩者兼顧。

一聽到心理劇，常常有人提出「必須完全進入那個角色」的意見。此外，也有人會一臉惋惜地表示：「我無法完全進入那個角色。」

什麼是「完全進入角色」？心理劇並不是真的戲劇，只要按照自己所想去演出就好。如果扮演賭博成癮症的丈夫，不論是冷靜刻意地扮演，還是完全演出自己丈夫的角色，都是這個人獨有的演技，沒有好壞之分。

不如說，刻意扮演，也就是「無法完全進入角色」的方式，或許更有助於有意識地改變自己的行為模式。自己有意識地做出行動，其實就是心理劇最重要的關鍵。有意識地扮演角色，出現「我居然很會講笑話」這種訝異心情時，心理劇就能成為發現自我的寶庫。

如果對於有意識的做法感到疲累，偶爾扮演三歲小孩的角色，盡情地任性、試著撒嬌，或許也會覺得很開心。

不要認為「無法完全進入角色」是在作假，或是沒有呈現出真正的自己。要認為展現演技的是真正的自己，尷尬演出的也是真正的自己。如此一來，參加心理劇的自己，就會和現實生活中嘆氣的自己連結在一起，這些全都是真正的自己。不論是現實或心理劇都沒有劇本，這是兩者的共通點。所以，我們每天就像是在演出心理劇一樣。

參加多次心理劇之後，就可以根據不同場景扮演好自己的角色。

向公司主管抱怨的下屬、夫妻吵架後隔天的妻子、總是叫孩子去念書的母親……可以靈活扮演這些角色時，或許就會覺得自己變靈巧了。不過，變靈巧會讓我們活得比較輕鬆嗎？

有些人在現實場面中，只要想到「這是心理劇」就能鎮定行動。此外，也有人在心理劇中說出一直無法對父母說的話，覺得身心非常舒暢。心理劇擁有無限的可能性，可以做些自己做不到的事、可以變成自己期望中的角色、可以嘗試扮演從未扮演過的父母類型……

對我而言，參加心理劇不只是工作，也是讓人快樂、重振精神的最佳機會。

第5章

強化夫妻連繫，減弱親子連繫

無法喘息的孩子

如果兒子很優秀，好比賽馬場上的常勝軍，每次只要偏差值一提高，母親就會心情激動、雀躍不已。選擇學校時，母親也會像是自己的事一樣，非常熱衷參與。

兒子考上一流大學時，一定比有鮪魚肚的丈夫還要帥氣。兒子的髮絲隨著春風飛揚，根本就是個美男子……當兒子問道：「媽媽，妳要來參加我的入學典禮嗎？」母親會立刻回應：「要去！我要去！」因為兒子的光榮就是自己的光榮。

這種把養育小孩當成是在創造作品的人，到底要在哪個階段才會迎來「拚盡全力的育兒連續劇」最後一幕？如今這個社會，父母的平均壽命延長，即使是五十幾歲的母親看起來也還很年輕，而她們往往不願意讓那個布幕落下。因為沒有其他劇本可以讓她們那麼陶醉、熱衷，而且事到如今也無法重新演出其他劇本。

這種母親會一直介入孩子的人生，不論孩子幾歲，都會一直賣命演出育兒劇。

這些孩子有什麼感受？考上知名學校的A同學如此說道：

「考上高中時，我覺得很高興，但並不是因為考上這件事，而是看到平常關係不佳的父母抱在一起開心流淚，那才是我覺得最高興的事。而且，在同所補習班中，考上這所學校的只有我一個人。我看到父母這麼開心真的很高興，但是接下來就很慘了，應該可以說是地獄般的生活吧。因為我必須一直維持在第一名，就算名次後退，父母也只允許我在前五名之內。他們已經幫我決定好目標——考上T大醫學系。我已經好幾次都快要撐不下去，但還是裝得很從容的樣子。後來我應屆考上大學，我一直深信父母會因此滿足，但是我太天真了。我父母，尤其是母親根本沒有滿足，她還說接下來是要去美國留學。我已經不知道該如何是好了……」

A同學在一年之後，寫了一封信給父母：

「我一直按照你們的期待做事，現在也夠了吧。就算你們再提出其他要求，我也無法做到，我已經喪失生存意志了。」

重視丈夫更甚於孩子

我在進行心理輔導時，深刻體會到親子關係取決於夫妻（父母）關係。夫妻之間的連繫越脆弱，同時母親和孩子之間連繫越強的家庭，越容易出問題。所以，我想大聲向各位為人妻、為人母著呼籲：「要重視丈夫更甚於孩子」。

第二次世界大戰結束後，歐美國家的育兒法開始傳入日本，帶來一股新風潮。歐美國家的育兒方法是夫妻雙方一起照顧小孩，對他們而言這很理所當然，所以不用特別寫出來。結果在日本卻變成跳過丈夫，只有母親負責照顧孩子的育兒情況。以結果來說，父親免除了育兒責任，就容易專注於工作，出現輕視夫妻關係的情形。

在歐美國家，是由父母之間的愛情關係來維持育兒環境，和日本育兒環境的前提完全不同。所以，日本雖然引進新的風潮，最後卻沒有任何改變，依舊持續維持戰前父權制度下的母子密切關係。

最近二十年來，工作狂（工作上癮症）的父親生活在企業這個家庭中，在自己家裡的存在感越來越薄弱。父親不在家時，甚至可以看到由母子關係支撐家庭的母系制度復活。母親像女皇一樣統治家庭的情況並不罕見，種種問題都是源自於輕視夫妻關係在育兒上所發揮的功能。

講極端一點，只要維持好夫妻關係，就能順利解決親子關係。關鍵在於夫妻是否能平等交談，互相交流感情？是否能讓孩子瞭解男女是可以相愛的？

父母不必在意為孩子做了什麼，或是給了孩子什麼，要在意的是孩子看到什麼？在孩子面前演出哪一種夫妻劇本，讓孩子聽到哪一種夫妻對話，這才是最重要的。

脫離孩子的人生，降低父母的存在感！

孩子以觀眾身分，觀察父母之間不斷重複的行為模式。有些孩子在人生非常早期的階段，就抱持著「男女之愛是反覆的支配」這種認知。也有女孩子在成長過程中，一直認為結婚就是要像母親那樣忍耐。明明心裡發誓絕對不要重蹈母親的覆轍，但是和自己選擇的男性結婚後，卻發現自己仍重複做著和母親一樣的事。

這不是遺傳，也不是當事人的性格問題，而是從幼年時期開始，每天所見的父母間關係，帶給自己極大影響所致。因為對孩子而言，父母之間的關係就是人生的全部，就像空氣一樣。

若父母是一對幸福夫妻，孩子也會很幸福。母親擁有幸福是最重要的事。不論孩子是什麼情況，能夠自我充實的母親不會以期待去束縛孩子。因為就算孩子不想上學，她們也不認為這關乎到對自我的評價；就算孩子沒有考上優秀學校，也不認為這種事會影響自己的人生。

有些母親會覺得孩子不想上學、沒有考上理想志願學校很丟臉，但其實孩子一點也不覺得丟臉。此外，也有許多父母會隱瞞孩子就讀的學校。如果真為孩子著想，父母應該以孩子現在就讀的學校為榮吧。父母這些做法對孩子來說很失禮吧。父母應該無條件祈求孩子幸福，不要任意強迫孩子接受那些條件（學歷或公司等），強迫孩子接受自己所認為的幸福模式。

當母親幸福，孩子自然會獨立離開家裡。和朋友或男朋友在一起，一定比和中年婦女在一起開心。即使母親為了戀情瘋狂，對孩子來說，還是好過那些只是為了面子而活、假裝丟棄女性身分、沒有完全燃燒的母親。

享受自己人生的母親，不會成為孩子的負擔。在孩子的青春期之後，父母應該慢慢降低自己的存在感。因為孩子的人生是他們自己的人生，父母無法插手。父母能做的，只有不打擾孩子，讓他們自己去面對現實。

我跟前來進行心理輔導的父母談話後，不禁覺得所謂的「父母心」，其實就是擔心「孩子是否會背叛自己的期待」。把父母對孩子的愛，和「要符合父母期待」這種支配混為一談。

母親要慢慢離開孩子，專心過自己的生活，就算是意氣用事，也要讓自己幸福。如果能和丈夫一起幸福，那是最好的結果。

親子關係很密切，就是夫妻關係淡薄的證明。我們在提到「孩子……」之前，必須先問自己，夫妻之間是否相愛？是否幸福？

我希望在接下來的時代中，所謂的好母親是不論到幾歲，都能問自己「我幸福嗎？」的母親。我也期盼在未來的時代中，所謂的「好父母」是和孩子的人生保持距離，變成存在感極小的父母。

散播戴奧辛的母親

父母如果感情很好，家庭氣氛很開心，孩子也會很幸福。但是，許多母親會在孩子面前講出「不要像爸爸那樣喔！」這種話。孩子聽到時會有什麼感覺？這是孩子絕對不想聽到的話。對孩子來說，明明是自己最喜歡、很尊敬的父親，卻被母親親手打破他們心中的父親形象，孩子會搞不清楚這到底是怎麼一回事？對孩子來說，這應該是最殘酷的事。

當母親一邊告誡孩子：「不可以像爸爸那樣喔！」卻又說出：「你長得跟爸爸好像耶！」孩子到底該有什麼反應？自己身體裡的血液有一半是來自父親，當這一半受到否定，孩子要如何認同自己？每次照鏡子時，都會看到自己跟父親越來越像的身材和臉孔，於是，有些孩子會想要消滅這樣的自己。

家庭中，夫妻必須一起面對孩子，若是變成母子一起面對父親就會失衡。在這種情況下，會出現最具象徵性的一句話：「不要像爸爸那樣喔！」

這是絕對不能對孩子說的一句話。

因為孩子會覺得疑惑，為什麼母親會跟這種男人結婚？母親跟這種男人成為夫妻，是不是一種欺騙？所以，想要抱怨丈夫時，要自己設法處理，或是找朋友傾吐心聲。將這些抱怨任意宣洩在孩子身上，好比在散播劇毒的戴奥辛。

夫妻學習正常的對話方式

我和那些前來進行心理輔導的人談話之後，才發現有許多夫妻是完全不交談的。因為某一方會覺得反正就算和這個人說話，也會先知道結論是什麼，所以提不起勁去說話；或是試著和對方交談一、兩次，對方卻完全不想聽，之後就會覺得即使跟這個人說話也沒用，便放棄交談。

要恢復夫妻間的對話，丈夫就不能加班，必須暫時切換開關，回歸家庭和妻子相處。這個方法看起來很簡單，真正實行卻相當困難。我認為能夠做到這一點的男性，才算是成熟的男性。

此外，妻子即使想責備丈夫，也不能說出來，要以非責備的方式表現出來，也就是利用「I Message」或其他通訊軟體，進行交談。

所謂的「I Message」是以「我」為主語，以「我覺得~」或「我認為~」的方式來交談。這裡的「I」就是指「我」。

這個談話方式有兩個特徵，一個是「以『我』當主語」，另一個則是「只要能表達出自己的意見就是一百分，而且不要期待對方的反應」。只要能對丈夫說出：「我常常覺得很寂寞，希望你能聽我說一下話。」就可以給自己一百分。就算丈夫回答：「可是我也很累啊！」只要能表達出自己的意見，就是理想的結果。因為當我們期待對方做出自己想要的反應，就會受傷或失望。

對丈夫而言，會覺得利用這種交談方式，妻子不是責備自己，只是在向自己傳達心情。這樣日復一日地交談，即使原本沒有對話的夫妻，也會慢慢開始恢復對話。

要做到這點，必須以「I Message」的基本，「I（我）的心情是怎樣」持續關心自己的情緒。

在團體輔導過程中，我們鼓勵大家以這種交談方式提出意見或問題，逐漸養成這種習慣後，與家人談話時，自然能使用這種方式。如此一來，夫妻、親子之間的交談，就會像骨牌效應一樣慢慢恢復，家庭氣氛也會跟著逐漸改變。這是因為利用「I Message」的基本概念就是「別想要改變對方」。如果要求對方回答「是」，代表自己所說的話是支配、控制。

「別想要改變對方」是不控制對方的表達方式，是「I Message」的交談方式。很奇妙地，若對方也能理解這一點，對方也不會來控制自己。也就是說，利用「I Message」進行交談是擺脫共依存關係的第一步。

停止扮演賢妻良母！

我們身處於一個非常在意他人評價的社會。

這是男女皆有的現象。但男性因為在外工作，工作評價會成為自己的評價，比較容易理解別人對自己的評價。而女性的評價則比男性更複雜，較不容易瞭解，例如有美女、溫柔、可愛、很會照顧別人……然而，只要一結婚，就會用刻板印象來評價女性。這些評價不是針對女性本身，而是以對家庭（丈夫、孩子）的評價來評價女性。「賢妻良母」就是這種刻板印象下的評價。我本來以為隨著時代變遷，已經很少人會使用「賢妻良母」一詞，結果這個字眼卻像湧泉一樣生生不息。

我認為這種沒有實體、完全依靠他人評價來決定女性評價的情況不應該存在。因為這麼一來，女性優秀、聰明與否，都將透過丈夫的社會地位和孩子的偏差值來決定！

人本來就很在意周圍眼光，如果更加在意，會出現什麼結果？

抹殺自己的感情，做一個制式的好妻子，是很不自然的。當丈夫在外面亂搞男女關係回家後，妻子也好像沒事一樣說出「你回來啦」，這只會讓人覺得非常恐怖。這種壓抑的怒氣、恨意，一定會成為支配比自己更弱的人，也就是支配孩子的能量。

所以，忘記「賢妻良母」這個成語吧，嘗試套用其他詞彙看看，像是「樂妻怠母（快樂的妻子、偷懶的母親）」之類的。

在日本，大家認為以自我為中心是一件不好的事，會讓人產生負面印象。但是，今後有些情況，可能就必須以自我為中心。

真正的以自我為中心，是所有事情都以「我」為優先考量。我從眾多前來進行心理輔導的共依存女性身上，瞭解到「以自我為中心」的重要性。

以自我為中心的相反是「為別人盡心盡力」。這種情況會帶來多麼嚴重的影響，也是共依存的人們讓我瞭解的。「抹殺自我」「捨棄自我」等等，光是看到這些形容，就能感受到字面上滿滿的痛苦。

和這些字眼相較，「發揮自我」「保留自我」或是「為了自己而活」反而讓人覺得開心多了。年輕人口中的「自我中心主義」就很符合這種情況。

以自我為中心會給旁人帶來困擾嗎？其實完全相反。那些捨棄自我的母親給女兒帶來多大的困擾？為女兒費盡心血的母親讓女兒多麼痛苦？我希望大家都能瞭解這些情況。

有進食障礙的年輕女性異口同聲表示：「媽媽！去活出妳自己的人生！」或是「請不要再關注我的人生！請不要支配我！無法活出自我的媽媽，停止介入我的人生吧！」

我們必須對「忍耐是美德」「自我中心的任性是不好的」這種常識說「不」。

忍耐會產生新的支配

最近，大家開始對女性的工作能力給予高度評價，然而，那些放棄工作、投入家庭專心育兒的人，對孩子有著很大的期望。捨棄自己人生的人，一定會把這些能量拿來侵入他人的人生，支配對方的人生。

過去幾乎沒有人注意到這種情形。

「賢妻良母」指的是當一個為丈夫費盡心血、為孩子忍耐盡力的好母親。這是以往所認定的常識，沒有人對此提出過疑問。

然而，那些有進食障礙的孩子，卻因為母親介入自己人生而大喊著「好痛苦」。遭受家庭暴力的孩子，也發出怒喊「把我的人生還給我！」

我們從這些情況就能瞭解父母介入孩子的人生，究竟會奪走孩子多少東西。亦即父母其實奪走了孩子的人生。

所以，如果將「以自我為中心」視為任性的表現，一直不斷忍耐，這個忍耐將會開始儲備新的支配能量。

日本人的壽命逐年增加，尤其女性的平均壽命在全球是排名第二。完成養兒育女的任務後，即使過了更年期也還是精神奕奕地生活著，這種情形可說是「史無前例」。所以，女性應該要將這些能量拿來用在自己身上。

在長壽時代，我們不該把自己的能量拿去介入他人的人生，必須投注在自己身上，所以必須「以自我為中心」，也就是「推翻過往常識」，才能擺脫共依存。

在丈夫眼中，是個有點偷懶、性感的妻子；以孩子的角度來看，是個有點隨便、總是在看綜藝節目、吃著薯片的母親……這種妻子、母親的危害比較少。

孩子不需要支持父母

每個成年兒童都抱持著「我要想辦法做些什麼，好讓母親獲得幸福」或是「只有我能支持父母」的想法。

但是，習慣是很恐怖的東西，如果從幼兒期就理所當然地支持父母，會慢慢感受不到「支持」父母的感覺。這些人會將父母擺在最前面，覺得「父母很可憐」。母親住院時會想替母親做點什麼，想著「母親是不是很痛苦？」關心母親更甚於自己的丈夫和孩子。就算筋疲力盡，也會勉強去照顧母親。

這就是社會上所說的「孝順」嗎？

我認為最大的孝行是孩子自己得到幸福。孩子是母親懷孕後誕生在這個世界上的成果，孩子得到幸福，就是父母最大的幸福。

如果孩子為了支持父母而勉強自己、犧牲自己，並不會讓父母覺得幸福。父母如果認為這樣就是幸福、是兒女的孝順，那就是承認自己是孩子的支配者。生下孩子，是為了讓他們為自己奉獻嗎？父母覺得自己為了孩子費盡辛苦，才會要求回報吧？這種想法真的很計較。

孩子支持父母可說是一種錯亂行為，或是變態行為。應該是父母要支持孩子才對。等孩子到達一定的年紀，就放手默默守護他們，這才是父母，才是真正的父母之愛。我認為如果是這種父母，就算年老之後拒絕孩子照顧，孩子也會主動照顧父母。

孝順道德令孩子痛苦

「必須孝順父母」「必須支持父母」這種常識令許多人感到痛苦。

有一句格言是「子欲養而親不在」，這是要大家趁父母還健在時及時行孝。

我雖然很希望「孝順父母」能成為過去式，然而現在還是有很多父母持續「強迫」子女要「孝順父母」。有些父母認為支持父母是孩子的義務，還光明正大地要求孩子，這種父母的數量之多，也令我感到很驚訝。

最近，父母對女兒的期待更甚於兒子。有些人認為這是「生下兒子，父母可以給兒子奉養」這種常識崩解的緣故，算是一個好現象；有些人則認為這是擺脫父權制度而給予好評。也許「兒子有經濟能力，女兒會嫁人」這種男女觀念確實崩解了，然而女兒受歡迎的理由卻是「能夠照顧年長者」。遇到緊急時刻，能夠照顧自己的「不管怎麼說還是女兒吧」，期待女兒來當自己的照護人員。一些母親常常如此說道：「與其讓媳婦來照顧自己，還是無須顧忌的女兒比較好。」所以，一切都沒有改變，父母的期待還是源自於自身的需求，是女兒的利用價值勝過兒子罷了。

今後，這些女兒的人生將被賦予毫不合理的期待：誠實又會念書、考上偏差值很高的大學、外貌中等、進入知名企業工作、和菁英份子結婚生子，之後還必須照顧父母。這完全是最高級的支配吧。

因此，孝順父母也包含了照顧老人的問題。

我在進行心理輔導的過程中，也接觸到許多為此煩惱的人。

許多人自豪表示：「我為公公婆婆送終了。」結果大家隨後講出來的事情幾乎都一模一樣：「我捨棄自我，做得那麼辛苦，丈夫不但沒有感謝我，反而還外遇……」這到底是怎麼回事？

「我是獨生女，所以無法拋下父母自己去結婚。為了照顧父母，我浪費了自己的時間，現在年紀也大了。父母最後都有老人癡呆的症狀，他們離世時，甚至不知道我是他們的女兒。」有人如此感嘆道，不知道自己的人生到底怎麼了。原本以為「孝順父母」一詞已經不存在，然而身處高齡化社會，這句話卻像亡靈甦醒般，束縛著必須照料父母的孩子。

所以，我認為必須釐清父母的想法。父母生下孩子是期望孩子能夠得到幸福，這才是父母應有的態度。如果讓孩子為父母耗費能量，等於是為了自己而利用孩子。

在美國，一般認為連大小便問題都得由他人幫忙時，家人就必須放手交給專家去處理。父母因為癡呆而認不出自己的孩子，甚至連大小便都無法自理時，父母在孩子心中的形象就會崩解。對孩子而言，這是非常殘酷的事。承受傷痛和悲傷後，孩子甚至會產生「為什麼會變成這樣？」的憎恨心情。很少人能以奉獻的心態去面對這種情況，多數人都是懷抱著「我受不了，但必須忍受」的念頭，不斷忍耐。最後，這種忍耐往往會發展成對老人施虐。

不必照顧年老的父母

母親一邊掉淚，一邊抱怨：「我這麼辛苦，所以你要聽我的話，當個乖孩子。」或是「我都已經這樣了，難道還不夠辛苦嗎？」讓孩子聽從母親的話……於是，不幸的父母在年老時，往往會變成支配孩子的共依存情況。

目前無法完全依靠政府的社福政策照顧父母，所以必須由孩子承擔起這個責任，但是如果孝順父母還必須包含「要聽話」，那真的十分殘酷。為了避免成為孩子的負擔，父母應該花費所有金錢，搬入有照護服務的老人安養中心，走完自己的人生。不要依賴孩子，要讓孩子自由。

然而，無論老人安養中心的照顧有多完善，那裡畢竟不是所謂的「家」。其實，不是真正的家也沒關係，我希望像是那種充滿家庭氣氛的「失智症老人團體家屋」這種設施，能夠越來越多。或是在這個「家」的周圍有庭院、有樹木、種植著蔬菜，充滿生活氣息，如果是小型的老人安養中心，也有照護人員陪在一旁……或是擁有大型老人安養中心或醫院所沒有的家庭氣氛，家人也能常常來探望，彼此開心交談……

這才是未來老人照護的理想模式吧。

請大家再重新思考一下，對我們而言，最重要的東西到底是什麼？最重要的東西其實是「我」，也就是自己，以及和他人間的關係。

舉例來說，我深愛著把我生下來、將我養大成人、如今已經七十八歲的母親。我真的很感謝她，所以想要照顧她的老後生活。對自己而言，如果這是一種幸福，就算沒有

「孝順父母」這種美稱，我也會對父母盡心盡力。

但是，也有一些父母讓孩子不想照顧他們。像是賭博輸錢就硬來要錢：「把錢借我。」卻從來沒有還過錢；或是父親因為酗酒，老是把家裡搞得一團亂；或是規定孩子每個月要給二十萬日圓生活費，讓孩子過得很辛苦……有些人就非常討厭這種父母。

有些人想要盡早逃離父母的支配，不願意照顧自己的父母，我認為就算如此，也不應該責備他們「不孝」。

父母不能捨棄孩子。但是長大成人的孩子，為了尊重自己的人生，可以捨棄父母。此外，與其由爭吵不斷的家人進行照護，讓外人來照顧父母還更加合適。像是可以交給家訪看護人員這類專業的照護人員，他們的照顧甚至更加周到完善，就像是對待自己家人一樣。

拋棄「家人要負起照顧的責任」或是「為人子女必須照顧父母」這種成見吧。

如果真心想要照顧父母，就給予父母完善的照顧；如果不希望父母奪走自己的能量，就不要照顧父母。孩子應該讓「必須孝順父母」這種想法慢慢消失，更加誠實面對自己的感情，才能真正輕鬆自在地思考這個問題。

當個快樂的妻子、馬虎的母親

「好」和「壞」是一種審判、評價的字眼。家庭不應該是審判人的地方。夫妻對話如果只由「好」「壞」「應該做」「不應該做」這些詞彙構成，整個家庭會像是在進行審判的地方，充滿冷淡氛圍。

不要使用「好」「壞」這些字眼，試著改用「快樂」或「討厭」等說法。當身為家庭中心的妻子說出：「這樣很快樂」或是「這樣很討厭」這些話，自然會成為一個快樂的妻子，變成一個快樂的家庭。

在妻子和母親這兩個角色間，要優先扮演妻子的角色，母親這個角色可以馬虎一點，這是最合適的狀態。在當今社會，要成為一個好母親，就要想辦法讓孩子考上好學校，如此一來很容易引發升學考試的風潮，對孩子沒有任何好處。

我認為當一個快樂的妻子、馬虎的母親是最理想的模式。

如果想要成為一個好妻子，必須思考怎樣才能成為好妻子，一邊審視自己的行為，一邊努力當個好妻子。丈夫晚歸時，這種妻子會一直苦等丈夫回家，連晚餐都不吃，使家庭充滿緊張氣氛。

當丈夫的朋友來訪，這類型妻子會親手做菜招待他們，把全部精力投注在扮演完美妻子的角色上。然而，令人訝異的是，當這種完美妻子出現失智症狀，就再也看不到過往「完美妻子」的形象，反而大多會對丈夫破口大罵。看到這種情況，就能瞭解這些人一直以來是多麼忍氣吞聲。不過，當丈夫出現失智症狀，有些妻子反而會暗中採取復仇行動。

恨意深藏心底，總有一天會在某個地方出現「報應」。

家庭的主軸是快樂

快樂的妻子、快樂的家庭是最理想的狀態，但是要如何創造快樂？那就是勇於說出「不喜歡的事情就是不喜歡」，做自己喜歡的事。如果這個也不行、那個也不能做，自己設限自我，將無法感受到快樂。

如果房間裡總是收拾得很乾淨、地板擦得亮晶晶，還精準規定「吃飯時間」「念書時間」，作息時間沒有任何餘裕，這種家庭根本沒有時間享受快樂的交談。

相反的，稍微有一點灰塵，房間有點雜亂，在充滿鮮花的明亮房間裡，大家喧鬧地聚在一起，開心起勁地聊天，歡聚大笑，這種家庭反而比較理想……

要成為一名好妻子比較容易達成，只要某種程度上確實掌握一些訣竅，就像有說明手冊那樣，就很容易做到。但是要成為一個快樂的妻子，必須具備表演力或是個人魅力，可說難度頗高。

如果能誠實面對自己的感情、想法，就可以成為一個快樂的妻子，同時還能成為一個快樂的母親。對孩子而言，「有趣的媽媽」遠遠勝過「溫柔的媽媽」。所以，我要高舉「樂妻懶母（快樂的妻子、偷懶的母親）」這個標語，希望大家的家庭都能以快樂為主軸來進行運轉。

第6章

擺脫「常識怪物」！

抑制個人獨立性的社會常識

在這個世界上，只要掌握常識、遵守常識，就能順利生存。

然而在實際生活中，我們經常會有「真討厭啊！我其實想要這樣做，但是就常識而言這樣很奇怪吧？」等想法。

尤其是女性，雖然平常盡量不去在意這種情況，但是在與男性的關係中，一旦明確表達自己的心情，會被認為很自大或是愛出風頭，女性似乎經常因為這個原因，讓彼此的關係無法順利發展。其實就連女性朋友之間，也常出現這種問題。

最近，日本人會將小孩子到住家附近公園玩耍稱為「公園出道」（指媽媽帶孩子到公園玩並加入其他媽媽孩子的圈子）。家長間透過孩子往來，其實是很麻煩的一件事。在公司上班時，工作的困難度取決於自己的工作能力，但是跟其他家長間的往來，則會夾雜有完全不同的問題，而孩子也會成為「人質」。

孩子學校的家長會也令人大傷腦筋，我想很多人應該都有參加經驗。那種場合可說是男性社會的縮小版。家長會開始之前，會有一些支配團體做好事前溝通，如果有人在家長會上坦率提出自己的意見，大家會緊盯這個人，擺出「這個人真是自大」的表情，最後忽視、排擠這個人。

不論是公園出道還是家長會，家長之間的交往都和孩子有關，所以家長會擔心「要是這樣講，孩子會被霸凌吧？」而無法說出自己的想法。於是，很多人前來尋求心理輔導時，都會提到自己無法順利與其他家長進行交往。

只要做出引人注目的事就會被排擠在外，這跟孩子世界裡的霸凌一樣，在公司職場中也經常會發生這種案例，所以，只要有人聚集的地方，就會發生同樣的狀況。

一直以來，日本社會在表面上是採取民主主義、尊重個性，而且注重主體性以及獨立性，但是在實際日常生活中，情況卻相反。只要有人展現出自己的個性，就會遭受攻擊；要是表現出獨立，就會被拉回去；想要活得有自己的風格，就會被社會排擠。日本社會就是這種情況。

集團中，只要有人無法和別人好好相處，很容易會被旁人指責「那個人真是沒常識」。這種情況下的常識，是為了維護這個集團而運作的。無形的他人眼光就是一種常識，要忽視這種眼光需要很大的勇氣。然而，如果覺得必須表現出「自我」，那就鼓起勇氣吧。要在日本社會做出引人注目的事，需要相當的勇氣。如果擁有可以支持自己的朋友，就可以防止那股勇氣消退。

不要害怕「常識的多數派」

第二次世界大戰結束五十年後，日本進入相對安定的社會狀態。然而，由於趨於安定，社會階層也開始固定。

舉例來說，最近體育界及演藝圈出現了許多名人二代。知名棒球教練的女兒以運動主播的身分活躍，知名藝人的女兒以歌手身分出道，知名演員的兒子則參與電影演出出道……

在日本還非常貧困的時期，有點可愛、聲音好聽的孩子可以迅速出道成為藝人，但在日本社會趨於安定的現在，從零出發變得非常困難。所以，現今社會也難以看到那些立志發憤圖強的成功人士。

一旦社會逐漸安定，大家會想透過考試來維護既有階層。想考上好大學，進入高中才拚命念書將為時已晚，要從小學，不，是從幼稚園開始就接受考試。母親花錢讓孩子去上補習班，讓孩子走上父母期望的路線。也就是說，取得學歷是維護階層的最佳捷徑。

如同考上知名大學的孩子，他們的父母也都是高年收族群，這件事呈現出，即便從零開始努力也是白費工夫，大家好像都很清楚階層早已成形的事實。而所謂的「常識」，是為了要維持既有階層而運作。

如果自己覺得這樣就是一種幸福，那就無須在意，但如果覺得「我討厭這樣」，遵從常識就會和自己的幸福產生矛盾。然而，要推翻常識是相當困難的。

一個人提出「我要無視這種常識！」時，就像唐吉訶德對抗風車一樣，一定會被吹走。這種時候，必須結交處於同樣情況、抱持相同想法的心理諮商師或朋友，認同你「你一點都不奇怪」，可以激勵自己。維護常識的人是多數派，無視常識的則是少數派。所以，少數派如果沒有結交夥伴，會很容易被打敗。

俗話說「物以類聚」，其實夥伴就算只有兩、三個人也沒關係。即使外界常說「大家……」或是「社會上……」，我們在經驗中所接觸到的多數派，最多也只有二十個人左右，所以不需要害怕。

不被「母愛的常識」束縛

在那些沒有根據的常識中，最令人困擾的就是「對孩子而言，母愛非常重要」。其實即便不是母親，也可以愛孩子。

懷孕是生理現象，胎兒足月後，母親無法再孕育時就必須生下來。聽到嬰兒「哇～」地大哭的當下，不可能立刻湧現母愛。當然也有人因為盼望孩子到來，在懷孕過程就產生母愛，但是，倒不如說許多人是在孩子出生後，與孩子交流的過程中孕育出母愛。然而，也有許多母親無法疼愛自己的孩子。對這些人而言，強迫她們接受母愛的概念，只會帶給她們痛苦。我認為不需拘泥於「母愛」這個說法，這只會讓母親痛苦而已。

要擺脫母愛，就不要對孩子付出母愛，可以試著發揮人類愛或是鄰人愛。不要視為「母親和孩子之間」的關係，改想成是「我和這個孩子」的關係，只要能產生「怎麼會這麼可愛」的想法就夠了。

我在進行團體輔導時，最常聽到的一句話是「因為我是父（母）親」。這些人老是把這句話掛嘴邊，為什麼他們會這麼說？我認為他們只要覺得「我認為這個孩子很可愛」就夠了。孩子聽到父母說出「因為我是父（母）親，所以你要這樣做」時會覺得，「因為我是他們的小孩，所以我不得不這麼做」，所以父母最好避免說出「因為我是父（母）親」這種話。

不要以父母的身分，而是以「我和孩子」的模式與孩子相處，雙方立足點相同，孩子也會比較輕鬆。話雖如此，身為父母，還是必須善盡扶養的義務，但是要盡量少說「因為我是父（母）親」這種話。要將親子關係視為朋友關係的一種。

強迫付出母愛可能會導致虐兒。這是因為母親會出現「既然生了孩子，就要有母愛」這種強制、被迫的想法。當母親覺得「我為什麼無法產生母愛？」或是「我為什麼無法愛這個孩子？」可能就會走偏，進而開始虐待小孩。當「身為一個母親，我實在很失敗」的自責感越來越強，將會反轉成對孩子的憎恨。

不要過度自責，輕鬆點去看待這種問題，盡量不要被母愛的常識束縛。沒錯，請無視這些無法拯救自己的常識。

重要的並非「我想做什麼？」而是「我討厭什麼？」

若太在意常識、介意旁人眼光、長時間忍耐、為了討好家裡的每個人，做每件事都有所顧慮才行動，就會逐漸無法瞭解自己到底討厭什麼？不想做什麼？想吃什麼？想去哪裡？

人是很奇妙的生物，沒有使用的能力會慢慢退化。如果腿部骨折住院一個月左右，腿部肌肉會衰弱變細，走路會變得很困難；同樣的，總是在意丈夫想吃什麼或是孩子想吃什麼時，自己的慾望就會完全衰退，不知道自己「今天要去哪裡？」或是「我想吃什麼？」

現在這個時代，女性即使年過四十也依然美麗、年輕。如果以這種衰退狀態走完人生，不覺得很寂寞嗎？

子女長大成人時才猛然發現「我不能再這樣下去，但是該怎麼做才好？」或是「要從哪裡開始著手才好？」這些問題，因而對此焦慮不已。

這種時候，不必去想「我想做什麼？」要從「我討厭什麼？」著手。突然要思考自己「想做什麼？」時是很難找到答案的。就算去文化中心詢問各種課程，也有很多這也不行、那也不行的情況，彷彿文化候鳥*。先從拒絕討厭的事開始，這才是發現自己喜歡做什麼的關鍵。

從周圍事物開始，如果覺得「討厭每天洗衣服」，就兩天洗一次衣服；如果不想做家事，就試著一整天什麼都不做……拒絕討厭的事，自然會知道自己想做什麼。

執行「拒絕自己討厭的事」時，一定要試著說出口。雖說如此，夫妻之間要做到這一點真的相當困難。

透過軟性溝通，表達「討厭就是討厭」的想法

雖然妻子只是因為單純的討厭而說出「討厭」，但聽在丈夫耳裡，會覺得妻子是在責怪他。於是丈夫可能會回應：「妳是對我有哪裡不滿意？我為了不被裁員，這麼努力

*註：文化候鳥，比喻到處參加課程。

工作，妳還想怎樣？」所以要盡量避免直接向丈夫抱怨，盡量不要直接說出：「我討厭這種事。」雙方之間的關係才會比較順利。

如果妳跟丈夫說：「在這種情況下，我做任何事都覺得很厭煩，希望你能聽我說說話。」而丈夫願意聆聽並表示「好啊！那妳說給我聽」，這就是最好的結果，我認為和這種人結婚很幸福。

無法對丈夫有所期待時，可以參加一些大家都有相同煩惱、制定有統一規則的女性團體，當妳在團體中說出：「我討厭這樣」，有人認同表示：「真的，我也是！」那就要更加確實地表達自己的想法。

最重要的是，如果嘴上老是說著「不要、討厭」，一直停留在這個階段，將無法前往下個階段，所以，要去思考之前在團體中表達想法時所發現的「我可以做什麼？」或是「我想要做什麼？」

因骨折而變細的腳，也要一步步慢慢踏出，才能順利行走，腿部才會長出肌肉。

就如同這個道理。當旁人認同你所說的「討厭就是討厭」，就能激發做事的幹勁，但是當你說出：「討厭就是討厭」，對方卻反駁：「你怎麼這麼任性？」就無法激發那種幹勁。這就像骨折的腿在復健時再度骨折一樣，只會使傷勢更嚴重，所以要特別注意這種情況。

若能用言語表達出一直令自己覺得煩躁、厭惡的事物實體，可以找一個對象傾吐，讓對方理解「你說的事一點都不奇怪喔！」這一點非常重要。

進行心理輔導時，我會建議對方：「如果有討厭的事，可以直接說出來。」許多人都會回答：「醫生，我要是敢說討厭，我的家庭就會崩壞。」或是「我必須忍耐。」但我常常覺得「真的是這樣嗎？」

如果遇到討厭的事卻不說出來，是無法做到真正的忍耐。要先讓自己說過一次討厭，才能在大家都說：「不喜歡、討厭」而使得情況一片混亂時，選擇忍耐下來，說出：「好，我知道了，我會在這個階段忍耐。」

當丈夫說：「我好想喝茶。」妳也答道：「我也想喝茶。」接著丈夫又說：「我不喜歡泡茶。」時，如果妳能說出：「我也討厭泡茶，但是，總要有一個人去做，那今天我來泡茶好了。」事情就可以圓滿解決。但如果丈夫說：「我好想喝茶。」雖然妳心裡不願意，但還是覺得不做不行，於是一邊碎念一邊泡茶，那麼，這些沒有表達出來的「討厭」情緒，會慢慢累積在心裡。

這種討厭的情緒會開始儲備新的支配能量，還可能會發展成共依存，所以最好還是把討厭的情緒表達出來。

鼓起勇氣，檢視自己的不幸

許多人不知道自己討厭什麼？想做什麼？尤其每天都過著普通的生活，在不知道自己到底是喜歡還是討厭的狀態下，逐漸老去，直到某天仔細端詳鏡中的自己時，看到滿是皺紋的臉才感到一股淒涼。於是提不起勁做事，覺得這種空虛感讓人氣力盡失。

如果把這種情況稱為「憂鬱」，只要簡單一個詞彙就可以解決。但這並非「憂鬱」，而是不知道自己想做的事、自己討厭的事，只是在習慣中過日子而喪失情感。

即使看到滿開的櫻花，也只是說一句「啊！好美啊！」即使聆聽優美的音樂，也只是右耳進左耳出，這種麻痺無感的狀態就是難以言喻的空虛感的根源。「更年期障礙」是最能解釋這種狀態的名詞。

時光在長期懶散度日下流逝，請試著在某一天畫出一條分界線，向自己提問。試著一個人進行兩到三天的旅行，恢復自己原有的情感。

當這種真相不明的空虛感籠罩自己，丈夫施暴、孩子不想上學、罹患進食障礙等情況，就是反省自己過往做了哪些事情的契機。所以，不要以負面角度看待家庭問題，要慶幸有自我反省的機會。

來心理輔導中心進行諮詢的人，一開始都會如此問道：「我們家很正常，為什麼孩子會做出這種事？」許多人都覺得很不可思議。

丈夫是一流企業的上班族，自己也沒有外遇問題，而且很盡責地栽培孩子。孩子考上有名的升學高中，在國二以前都是優秀的好孩子，卻突然不想上學……

這種時候，我會詢問對方：「妳覺得目前為止的人生幸福嗎？」對方好像很吃驚般地答道：「幸福？我結婚到現在，從來沒有思考過何謂幸福。但我不是不幸的人。」

「那當然，您先生在一流企業上班，孩子成績也很優秀，所以不可能不幸吧？」但是當我再問對方：「妳幸福嗎？」如果是先「欸？」一聲，接著淚流不止的人，其實還是有改變的機會。這些人會深陷「我應該是幸福的，因為我擁有這麼好的條件」的迷思。就算和丈夫關係不佳、遭受冷言冷語，也會否認這些情況，覺得「無法忍耐很任性，因為我很幸福」。

然而，因為我所提出的問題，過去那些毫無道理、不自然的想法就會崩解。但是，鼓起勇氣檢視自己的不幸，從此時此刻起幸福地活下去，才是改變的開始。

擺脫依附的人生

不過，也有人是摸不著頭緒，對我的問題無動於衷。這些人豐衣足食，也不用擔心住居問題，丈夫熱衷工作，偶爾休假去打高爾夫球，夫妻之間沒有交談也毫不在意，自己只要督促孩子乖乖念書，和附近鄰居交流時，也只要維護一流企業的表面形象即可。每天過著這種生活，完全沒有想過自己的真實心情。

這種母親需要接受某種衝擊療法。她們用共依存的繩子勒住孩子的脖子，在不知不覺中拉緊繩子，毫不在意他人想法，過著自己的生活，這種人的感情是處於沉睡狀態。要讓孩子從共依存解脫，父母必須離開孩子，喚醒自己的情感。進行共依存的團體輔導時，經常出現一種情況，聽到別人一句「像妳這麼漂亮的人，居然這麼不幸……」，就會啟發該人，重新審視自己。而且過往一直被自己無視的情感也會不斷湧現出來。

於是，在某一段時期會變得非常開朗，同時也會看到許多自己討厭的事物，就好像打開潘朵拉盒子（希臘神話中，一打開潘朵拉的盒子，各種罪惡和災難的根源就會飄散在地上，只留下希望）的那一瞬間，發現自己是共依存，也察覺到自己的不幸。

身為一名心理諮商師，我們的工作是替這些發現自己不幸的人補充能量（鼓舞打氣），所以我們會反覆告訴她們：「與那些神經大條、至今仍沉睡不醒的遲鈍中年女性相比，妳能發現自己的不幸是一件好事。妳要好好檢視自己所發現的不幸，並珍惜這種感覺。」

發現自己不幸的人，會比沒有發現的人承受更多痛苦，但相對地也會比較開心。逃離依附在他人身上的人生，從活在他人的幸福中離開，找回自己真實的感情，就能感受到自己討厭什麼、喜歡什麼。

單純的興趣無法獲得真正滿足

有人如此嘆道：「我全心全意為丈夫和孩子付出，但丈夫和孩子卻叫我不要管他們，嫌我囉嗦，開始避開我。我哪裡做錯了嗎？接下來應該怎麼辦才好？」

為丈夫和孩子著想絕不是一件壞事，但如果過度付出，會變成一種支配。丈夫和孩子會覺得很痛苦，所以從今以後，妻子應該要努力讓自己過得更快樂。

關於這個問題，就是要去嘗試「自己喜歡的事」，然而，對於那些不知道自己喜歡什麼的人來說，這一定非常困難。

「喜歡的事」不侷限於偉大的事，一開始可以先從小事慢慢嘗試。

舉例來說，像是「想吃吃看那家蛋糕店的蛋糕」，或是覺得「好想看電影」時，就去看看電影，對於自己想做的事情不用顧忌太多，只要勇於行動。

提到喜歡的事，有些人馬上會聯想到興趣。興趣是指陶藝、繪畫、插花、俳句、短歌、手工藝……種類多不勝數。但是很多家庭主婦在從事這些興趣時，往往會在中途受挫。要從興趣中獲得滿足，是非常困難的。

維持興趣的關鍵，是自己的作品獲得他人稱讚，或是和一起上課的人成為好朋友，透過這種人際關係獲得滿足。從興趣中只能獲得有限程度的滿足。

將花在丈夫或孩子身上的能量運用於社會

共依存的人喜歡替別人做事，渾身充滿燃燒的能量。所以，不要只將這些能量用在興趣上，要去找一些更困難、更有挑戰性的工作。

G女士發現「自己必須改變」，她察覺自己不應該只為丈夫和孩子付出，於是參加了地方自治團體舉辦的「老人照護志工」講座。講座結束後，可以得到結業證書，也能以志工身分參與活動。

實習時，她前往了各地的老人安養中心，每個地方都有年長者拜託她：「希望妳一直留在這裡。」這些年長者對她的照護滿懷謝意。

共依存的人，對人熱心親切，會竭盡全力為別人付出，並從中感到喜悅。雖然丈夫或孩子厭煩這種態度，但如果將這種能力用在工作上將再好不過。將原本花在丈夫和孩子身上的能量用在社會上，如果自己也能樂在其中，那將是最理想的結果。

無法擺脫受暴者角色的三個理由

受到丈夫家暴的妻子出乎意料的多，而且實際上，這些丈夫大多是高學歷、在一流企業工作。這些妻子無法逃離暴力的理由有三個。

第一個理由是「丈夫會對我施暴，是因為我惹他生氣」，一味認為是自己不對而隱忍著。

如果從小就因為父母情緒激動而無故遭受毆打，或是經常目睹雙親間的暴力行為，最後孩子就會認為「是自己的錯」。在這種環境下成長的人會習慣暴力，所以這些妻子並不覺得丈夫施暴這件事很嚴重。即使被丈夫毆打，也會覺得「是自己的錯」，擔心自己逃走會對丈夫造成傷害，所以無法逃離丈夫。

第二個理由是她們覺得施暴者是因為愛自己才施暴。

就如同前面所提過的，這種情況多見於被關在納粹集中營的猶太人身上，當人在孤立無援的狀態下持續遭受不明原因的痛苦就會發瘋，或是覺得施暴者是因為愛自己才會對自己動粗。

這是因為如果不相信愛情的可能性，人就無法活下去，所以創造出這種幻想。丈夫的暴力行為和這種情況相同，當妻子一直被丈夫毆打，就會覺得「這個人是因為愛我，才會對我施暴」，這是人們為了避免自己發瘋或精神崩潰而創造出來的幻想。

第三個理由是不論自己逃到哪裡，都會被丈夫找到的絕望感。當人們持續承受這種不知道何時會出現的暴力，將無法逃離那個地方。不知道暴力行為是今天會發生？還是明天會發生？或是一個月之後發生，在這種未知狀況下產生恐懼感。

這種不規律性會給人們帶來嚴重壓力。就像對老鼠進行不規律的電擊時，老鼠完全不想逃走，也無法行動。用以形容這種情況的專業用語為「習得性失助」。妻子被打後不逃跑的狀況也一樣，原因就是這種不知道何時會發生的殘酷行為。當自己處於孤立無援的狀態，認為任何人都絕對不會來拯救自己，不禁會覺得即使從這個人身邊逃走，也無法完全逃離，所以只能留在這裡。

基於以上三個理由，女性就算被打，也很難逃離丈夫。不過，有越來越多的女性能夠下定決心逃離丈夫，即便逃走之後仍會產生一些問題。

必須特別提防家暴丈夫的道歉

丈夫追到妻子逃走後的落腳處，向妻子道歉，講些「對不起」或是「我愛妳」之後，許多女性又會回到丈夫身邊。

H女士沒有帶傘外出，結果因下雨而被淋得一身濕，她回到家後，看著時鐘等她回家的丈夫大聲怒罵：「妳是去哪裡洗澡後回來的？」即便她回答：「不是！我是被雨淋濕的。」丈夫也不願聽她說明。丈夫一邊喊著：「妳在飯店和誰見面了？」一邊不停毆打她……她覺得這樣下去自己可能會被殺死，於是赤腳逃走了。雖然躲在朋友家，但丈夫還是找到朋友家來，不停低頭向她道歉：「抱歉，是我不對。」

要特別提防丈夫這句「抱歉，是我不對」。施暴的男性一定會道歉，而且為了表示自己愛著妻子，還會抱住妻子。妻子看到丈夫這樣做，就會覺得「這個人是需要我的」。最後還會頂著被打腫的臉和丈夫發生性關係。雖然這是非常奇怪的景象，但這兩個人還是繼續過著同樣的生活。然後丈夫又會因為某種原因開始施暴。要斷絕這種惡性循環，必須盡量阻止逃走的女性和丈夫見面。為了避免說出「我要回去」的女性又回到丈夫身邊，必須極力勸阻她。

・絕對不能接受暴力

暴力一定是強者對弱者施行。那些毆打女性的男人，因為膽小怕事，所以絕對不會對比自己更有權力的人施暴。

這種暴力行為是最容易理解的支配。

許多施暴的男性，都是在被父親毆打，或是目睹父親毆打母親的情況下長大。有些男性從小就被灌輸「男人必須很了不起」的觀念，然而，當自己擁有家庭後，一旦發現自己不如妻子，就會試圖用暴力來支配妻子。

真正對自己有自信的人不會有自卑感，所以不會對他人施暴，沒有自信的人才會動手打人。所以，這些施暴者都是一些沒自信又心胸狹窄的男性。

在國際上，為了保護女性遠離丈夫的暴力行為，設立有女性能隨時進入避難的緊急避難所，不過，日本目前這種設施還是很稀少。

世界上只有兩種男性，一種會毆打女性，另一種不會毆打女性。女性結婚時必須注意選擇一個不會打人的男性。有些一直被打的妻子深切體悟到，只要對方是不會動手的男性，其他怎樣都無所謂。

若有人的成長環境是從兒童時期就被父親毆打，或是看到施暴的父親和忍受暴力的母親，就會覺得暴力是很理所當然的，對暴力行為會漸漸無感。

另外，男生在成長過程中，會將和自己同性別的父親形象重疊在自己身上，雖然討厭父親的行為，但許多人最後還是變得會動手打人。

經常有女性提問：「要如何避免丈夫施暴？」很遺憾的，這些會施暴的男性幾乎不會煩惱「自己為什麼會毆打妻子？」這個問題。證據就是，沒有任何男性會為了自己的暴力行為煩惱，為此前來我們的心理輔導中心尋求援助。由此可見，只要女性不離開施暴者，暴力問題就會一直持續下去。

所以，我會回答她們：「我們無法讓男性停止施暴，最好的方法是離開他。」

暴力有世代連鎖現象，所以，絕對不能接受暴力，唯一能做的就是逃離暴力。

認為「是自己的錯」是一件好事嗎？

大家通常認為推卸責任的是壞人，將責任歸咎於自己的是好人，但是，什麼都認為是自己的錯，真的是件好事嗎？

舉例來說，對自己很重要的人因運氣不好而車禍過世。這種時候，每個人都會很哀傷：「為什麼他會死掉？」有些人則會超越哀傷的感情，認為「要是我當時有阻止他就好了」或是「我平常要是有叫他更注意就好了」，這種想法就是「都是自己的錯」，這也是一種自責。

自責的背後有各種情況，但那些從小就經常目睹父親毆打母親，或是在家裡飽受各種痛苦經驗的人，在成長過程中，往往會覺得「這全都是自己的錯」。此外，當妻子一直承受丈夫的暴力行為，也會慢慢出現自責的現象。

一位先生在一流公司擔任主管，在外面是個態度溫和、穿著很有品味、極富魅力的中年男性，但是一回到家裡，卻會為了妻子沒有為他準備足夠香菸等小事動怒，對妻子拳腳相向。

妻子不斷自責「丈夫生氣都是因為我不對」。有一天，丈夫又施暴時，妻子覺得再這樣下去，自己恐怕會有生命危險，於是逃了出來。但即使她來接受心理輔導，說的每一句話也都是在責備自己。

一位母親因為煩惱自己虐待孩子的問題，前來接受心理輔導。

「我在成長時期經常被母親打得很慘。我沒有被人愛過的記憶，總是覺得母親很可怕，每天都過著戰戰兢兢的生活，所以我不能讓我的孩子遭受跟自己一樣的經歷，要讓孩子像一般小孩一樣快樂成長，我想要打造一個快樂的家庭。但是孩子出生、學會講話之後，我卻忍不住動手打了孩子，還把他逼到房間角落。雖然覺得自己不能這樣，卻在不知不覺中動手打人。這種情況一直反覆出現，我真的很痛苦……」

這位母親飽受自責之苦，卻沒有做出任何改變。

這時，我們對她說：「妳能發現這種情況是一件好事！」一開始就稱讚她有注意到自己的行為。接著告訴她：「妳並沒有做錯。」這樣對方的自責感會減少一半左右。

這位母親在自己的成長過程中，一直被父母警告「這個不能做、那個也不能做」，處於「什麼都不能做」的環境，再加上她只有被父母毆打虐待的記憶，所以不知道自己該怎麼對待孩子。

當自己沒有任何經驗，想要成為一個典型的好母親是非常困難的。當這種勉強自己的行為積累到快要潰堤，孩子又說出「我討厭媽媽！」這種話，母親就會因為那句話而理智斷線，開始虐待孩子。

那麼，怎樣才能讓這些女性不要勉強自己？我們會建議對方：「妳可以把母親對待自己的方式，套用在孩子身上喔。」

如果認為孩子對自己很重要，孩子也能感受到這一點，那麼就算偶爾打孩子一、兩次，也不會有太大影響。要盡量減輕自己累積在心裡的壓力。當自責感減少，理智也不會斷線。

不要以「虐待孩子是不好的」這種好壞觀念去評價她們的行為。這樣只會讓她們更加責怪做錯事的自己。而且即使自責，也不會有任何改變。然而，在一般常識中，我們會認為只要責怪自己，就可以改變自我。

我反而認為稱讚自己，才能改變自我。責怪自己看起來好像是一件好事，但「都是我的錯」只是幫自己找理由，無法解決任何事，而且這樣做絕對不會比較輕鬆。但為什麼大家還是會一直自責？這是因為如果不責怪自己，就無法認可自己。這些人認為自己必須痛苦，才有存在的價值，所以會一直不停苦思自責，再下一次的自責就會更加痛苦，形成一種惡性循環。

有些人可能會提出反駁：「所以責怪別人比較好嗎？」處於成長階段的孩子暫時將過錯推到別人或父母身上是有意義的。但如果總是責怪他人，最後將無法擁有自己的人生。

盡量不要說出「但是」「因為」

「我這麼不幸，都是因為孩子的偏差值很低。」有些父母會如此責怪孩子。這種人雖然會向他人尋求建議，但他們一定會回答「都是別人的錯」「但是」「因為」。「都是別人的錯」「但是」「因為」的共通點，就是害怕自己必須承擔一切責任。在一些家庭主婦身上，經常可以看到這種現象。

當經濟能力和自由都被剝奪，人們會在不知不覺中慢慢習慣、適應這種情況。將「我的金錢」「我的時間」都交給別人雖然很痛苦，卻還是在不知不覺中習以為常。能習慣這些痛苦，是因為找到其他替代品。而這個替代品就是「可以不必自己承擔」的安樂，「不必靠自己雙腿站立」的安逸。這會剝奪自立、獨立思考的能力。

就好像人如果老是躺著，雙腿的行走能力就會衰退一樣，一直持續這種情況，將無法切實感受自己的人生。在百公尺賽跑全力奔跑時，會有一種達成目標的爽快感，但如果是因為別人一句「你必須跑」，才心不甘情不願地跑完，就不會有任何成就感。

有一個測量走路疲勞度的例子，人在心不甘情不願的狀態下去買東西時，疲勞感會非常強烈，如果是自己想買打折的衣服時，幾乎不會有疲勞的感覺。

責怪他人的人生，和自己選擇的人生之間的差異，就跟這種情況一樣。

反正人生只有一次，即使會害怕，也要勇於表達自己的意見，以「好！就這麼辦」的態度去承擔一切。對於結果不要有任何抱怨，不論是哪種結果，如果令自己痛苦，也能感受到這種痛苦，如果是開心的結果，也能擁有開心的感受。我們經常說的「充滿活力」，就是來自這種勇氣的結果。責怪別人無法令自己充滿活力。

忍耐有害無益

忍耐分成兩種：經濟上的忍耐和精神上的忍耐。

經濟上的忍耐，是指要規劃家中各種收支，要支付伙食費、房租房貸、孩子的學費、丈夫的交際費……最後只剩下些許金錢，妻子連買洋裝和襯衫的錢都沒有，只好忍耐不買。如果不買衣服，參加同學會時，就得連續兩年都穿同一件衣服，也無法上美容院，於是會覺得「我這麼忍耐」，而開始對丈夫心生不滿。

如果無法依靠丈夫，對孩子的期待將越來越大，會把所有精力花在孩子的考試準備上。所以，忍耐不是一件好事，反而是有害無益。

而典型的精神上的忍耐，則是婆媳之間的關係。當婆婆一直忍耐，終於等到迎娶媳婦這一天，就會覺得「我的忍耐終於有回報了」而開始支配媳婦。等到媳婦變成婆婆時，又會將自己之前所忍耐的一切事物拿來支配媳婦……這種支配永遠都不會結束。

最近，夫妻之間也出現了恐怖的案例，我們將這種案例稱為「劍山事件」。這是從丈夫的支配，轉變為妻子的支配的故事。丈夫一直毆打責罵妻子：「不聽我的話就是笨蛋！」妻子結婚後強忍了好幾十年。丈夫在八十幾歲的時候，因為腦中風而臥病不起。

雖然妻子在家裡照顧丈夫，但是家訪看護人員來訪時，發現情況有點奇怪。老先生似乎想用眼神表達些什麼，家訪看護人員心想「是發生什麼事嗎？」便仔細觀察情況，結果發現老先生背後放著插花用的劍山。這就是妻子長期被迫忍耐後的復仇。

妻子的復仇不只如此而已。也有一些妻子將茶杯放在丈夫拿不到的地方，自己一邊津津有味的喝茶，嘴裡還說著：「啊！真是好喝！老公你也喝點茶吧！」

就這樣在幾年之間，把之前自己被支配的份，一點一點還給丈夫。所以，不要忍耐，也不要讓別人忍耐。

不過都到了這種地步，可能有人會覺得這樣的兩個人為何要做夫妻？讓妻子懷抱這種心情的婚姻，到底是怎麼一回事？為了避免成為這種夫妻，我深切認為，大家在中年階段都必須重新審視自己、努力檢討夫妻間的關係。

就像汽車需要驗車一樣，我認為中年階段就是人生的驗車時期，輪胎正常、電瓶正常、煞車正常、汽油正常……要一一檢查這些狀況。如果有必要，可以去接受一次心理輔導。這樣一來，就不會發生像劍山那樣的事件，趁對方脆弱時，把之前累積的怨恨一口氣發洩出來……

大家會告誡女性：「女人不可以任性」或是「如果這麼任性，結婚後會很辛苦」之類的，任性一直被視為負面詞彙，但是任性真的是壞事嗎？

誠如前面所提到的，忍耐會「產生新的支配」，所以不要忍耐，請對「任性」抱持正面肯定的態度。

所謂的「任性」是指暢所欲言、為所欲為，不要在意旁人的看法，總之就是勇敢地踏出去。

實際做一些任性的事情後，反而可以瞭解很多狀況。像是發現自己這個也不喜歡、那個也不喜歡，老是懶洋洋的，慢慢覺得厭煩，覺得無聊、寂寞。

接著，可能會想要嘗試某些事物。如果禁止任性，一直忍耐，會累積支配的能量，所以乾脆就讓自己任性，盡情地任性，試著做到覺得厭煩的程度，就會發現任性其實很無聊。

任性就是這麼一回事。所以，不要停止任性，要盡情地任性。

後記

參加共依存的團體輔導（ＫＧ）時，偶爾會感受到一種類似近親憎惡的感情。

「你老是那麼為別人著想，那你把自己放哪裡？把自己的事情拋在腦後比較輕鬆吧。但是這種忽視自己的舒適，等於是奴隸的自由。到處尋找別人的不幸，發現後就去照顧對方，依附在別人身上，這樣只會一起走向墮落……」

我之所以下意識地講出這麼激烈的話，完全是因為身為同性的義憤。女性（當然男性也是）不論到了幾歲，都能夠獲得幸福，所以應該要期盼自己獲得幸福。

「共依存」這個名稱的新意在於積極肯定「分離」這件事。我也從這個名稱瞭解一個簡單的道理，亦即「如果在一起會不幸，唯一的辦法就是分離」。

並非只有緊黏在一起，不和對方分離才是「愛情」。

然而，分離會讓我們正視自己的不幸，以及毫無長處的自己，於是孤獨會成為最恐怖的一件事。

真誠接受「共依存」這個名稱，能讓自己面對生命的孤獨。是現在深陷泥沼的不幸好過於孤獨？還是要透過分離讓自己勇於面對獨立……然而，這種情況並非只出現在女性身上，這也是裁員盛行的男性社會的問題。

不論是哪一種選擇，只要是有自覺的選擇，我都認為「這樣就可以了」。不過，我個人當然還是比較喜歡簡單又純粹的後者。

忍耐再忍耐，並將這種怨恨轉換成對弱者的支配，在日本社會的各個角落，都能看到這種共依存的支配連鎖。所以，身處共依存連鎖末端的人，如果能注意到這種共依存現象，並改變這種關係，將會是一件很有意義的事。如果是由女性來做出改變，那將會更加完美，因為她們的孩子就能逃離支配。

我很自豪這本書替那些深受家庭問題苦惱的人們，帶來新的觀點和勇氣。我能做到這件事的原因很單純，因為身為一名心理諮商師，我在工作過程中接觸了無數個極端不幸、有違常理的家庭。

我相當瞭解這種家庭的特徵，知道如何避免建立這種家庭。換句話說，我知道我們只需要將最壞的情況反轉過來即可。

就好像熟悉黑暗就能看到希望一樣，當我們知道「這種事絕對不能做」，就會浮現出「這是絕對必要」的想法。

我希望藉由這本書的出版，能讓更多的男男女女、各個領域的人都接觸到這本書。例如，正考慮結婚、但沒有自信建立家庭的人；雖然生了小孩，但還是需要育兒方針的人；以及想離開父母獨立生活，卻無法順利進行的人。當然，我在書中也針對繭居、虐待兒童、家暴等問題，提供了許多具體的意見。

這次的出版，我盡量做最小幅度的修改，打算保留住我當初書寫原稿時的幹勁和狀態。即便現在的我可能會採用其他說法，也希望盡量不做更動。不過，我還是在家暴部分加入了最新觀點。

我衷心期盼眾多想要打造幸福家庭的人，都能閱讀這本書。

本書出版之際，承蒙梧桐書院的能登康子小姐協助良多，我衷心感謝她的付出。

信田小夜子

國家圖書館出版品預行編目資料

為什麼父母的愛令人痛苦：完美的親子關係只是幻想 / 信田小夜子作；邱顯惠譯. -- 初版. -- 新北市：世茂, 2018.10
面；　公分. --（銷售顧問金典；99）

ISBN 978-957-8799-34-9（平裝）

1.家庭關係　2.家庭溝通　3.親子關係

544.1　　107011168

銷售顧問金典 99

為什麼父母的愛令人痛苦：完美的親子關係只是幻想

作　　者／信田小夜子
主　　編／陳文君
責任編輯／楊鈺儀
封面設計／林芷伊
出 版 者／世茂出版有限公司
地　　址／（231）新北市新店區民生路 19 號 5 樓
電　　話／（02）2218-3277
傳　　真／（02）2218-3239（訂書專線）‧（02）2218-7539
劃撥帳號／ 19911841
戶　　名／世茂出版有限公司
世茂網站／ www.coolbooks.com.tw
排版製版／辰皓國際出版製作有限公司
印　　刷／祥新印刷股份有限公司
初版一刷／ 2018 年 10 月

I S B N ／ 978-957-8799-34-9
定　　價／ 300 元